La Biblia a través de los ojos de Juan Wesley:

52 estudios bíblicos de discipulado

Philip Wingeier-Rayo

Prólogo por Justo L. González

Alma W. Pérez, ed.

DISCIPLESHIP RESOURCES

LA BIBLIA A TRAVÉS DE LOS OJOS DE JUAN WESLEY:
52 estudios bíblicos de discipulado por Philip Wingeier-Rayo.
Prólogo por Justo L. González.
Edición por Alma W. Pérez.

En el momento de la publicación todas las referencias de sitios web en este libro eran válidas. Sin embargo, debido a la naturaleza fluida de Internet algunas direcciones pueden haber cambiado o puede que el contenido ya no sea relevante.

Diseño de la portada por Marc Whitaker.
Diseño del interior por Francisco Montes, Laser Art Graphics.

ISBNs
Formato impreso: 978-0-88177-922-6
Formato Mobi: 978-0-88177-927-1
Formato libro electrónico: 978-0-88177-928-8

Library of Congress Control Number: 2019937204
DR922

ÍNDICE

RECONOCIMIENTOS

Hay un himno que se llama "Dios ha sido tan bueno conmigo" y la letra va así: «Dios ha sido tan bueno conmigo, quiero alabar su nombre». Estas son las palabras que vienen a mi mente al ver la culminación de este libro. Este fue un proyecto que comenzó hace varios años. La idea de escribir las 52 clases comenzó a través de una conversación en el Instituto Oxford de Estudios Metodistas con George Donigian, en el año 2007. Pero realmente la oportunidad y la necesidad de desarrollar materiales de estudios me tocó en Cuba como joven misionero.

Recién llegado a Cuba, me invitó el hermano Sánchez a ir en bicicleta a una misión que atendía en Guatao. El pequeño templo estaba abandonado por muchos años y tenías ventanas rotas y huecos en el techo. Cuando llovía había que colocar baldes para recoger el agua y mover las bancas para así poder continuar el estudio. La iglesia no tenía ni biblias ni materiales de estudio. Antes de que el hermano Sánchez se fuera de la misión, nos regaló a mi esposa y a mí una Biblia de estudio –el único recurso que teníamos para preparar clases para la escuela dominical, las reuniones en casas y el discipulado para nuevos creyentes. Por ejemplo, yo dirigía un culto en el hogar de la hermana Juanita los sábados en el barrio de Las Alturas de la Lisa y usaba esa Biblia para preparar el estudio.

En Cuba la estrategia usada para alcanzar a nuevos creyentes era la de tener reuniones en casas, conocidas como las "casas-cultos". Mi esposa, nuestros dos hijos y yo vivíamos en la casa pastoral de la Iglesia Metodista de Punta Brava y la iglesia estaba ubicada al lado, pero la misión era de hacerla crecer más allá de sus cuatro paredes. Entre la iglesia local, las misiones, la escuela dominical, las reuniones de jóvenes, los estudios bíblicos y las clases para nuevos creyentes, había que preparar tres o cuatro estudios cada semana. ¡Cómo hubiera deseado tener un recurso como el que ahora tú tienes en tus manos! Pero esta experiencia misionera sirvió de base para este recurso. Fue un reto y una responsabilidad grande, sin embargo, Dios y la Biblia nos ayudaron en la encomienda, y la recompensa fue de ver a nuevos cristianos creciendo en su fe, bautizándose y viviendo un testimonio cristiano en medio de circunstancias difíciles en Cuba. ¡Y, ahora comparto estos estudios contigo!

La idea de haber llevado a cabo este proyecto se debe al apoyo incondicional de mi esposa, Diana. Ella me acompañó durante esa experiencia misionera en Cuba, y me animó a escribir estos estudios bíblicos. Desde que ella recibió el llamado de ser pastora, he colaborado con ella en la labor pastoral de sus iglesias, y he tenido la oportunidad de enseñar algunos de estos estudios bíblicos a los nuevos creyentes.

También quiero agradecer a nuestros tres hijos Massiel, Keffren y Isaías, el más joven – quien nació después de nosotros salir de Cuba, y solo le tocó nuestra experiencia misionera en México – por su paciencia y amor al acompañarnos en las aventuras misionales.

Quiero agradecer al decano, Dr. David Jensen, y al presidente del Seminario Presbiteriano de Teología de Austin, Rev. Ted Wardlaw, por el espacio concedido para completar este proyecto a través de una licencia de sabática.

También agradezco a la institución, para la cual actualmente sirvo como decano, que por cierto, lleva el nombre de Wesley Theological Seminary.

Por último, quiero darle gracias a Dios por el administrador del proyecto de la casa publicadora Discipleship Resources, Joseph Crowe, y por la editora del libro, Alma W. Pérez, quien ha sido persistente en su apoyo para ver la culminación de este libro. Alma hizo revisiones muy detalladas a los manuscritos, y me ha animado a seguir adelante por el bien de la comunidad hispana/latina. Muchas gracias, Alma, por tu apoyo y por no perder la esperanza.

Por todo lo antes dicho, sigo cantando: «Dios ha sido tan bueno conmigo, quiero alabar su nombre».

Philip Wingeier-Rayo

PRÓLOGO

La importancia de Juan Wesley para la iglesia evangélica de habla hispana es indudable. De él proceden no solamente las iglesias que llevan el nombre de "metodistas" o "wesleyanas", sino también la mayoría de las llamadas "iglesias de santidad", así como de las iglesias pentecostales. La experiencia del "corazón ardiente", el énfasis sobre la santidad y sobre la experiencia personal y el celo evangelizador son tres de entre los muchos legados de Wesley que hemos recibido tantos de nosotros – incluso millones de creyentes que ni siquiera han escuchado el nombre de Wesley mismo.

Puesto que se ha dicho repetidamente, y es de todos sabido, que para entendernos a nosotros mismos tenemos que entender nuestras raíces. Si hemos de entender a cabalidad nuestra experiencia cristiana, tenemos que conocer también y entender algo de esa raíz wesleyana.

En última instancia, ese es el propósito del presente libro. Es una serie de estudios bíblicos siguiendo las líneas de Wesley, y organizados según un orden temático que lleva desde la creación hasta la vida abundante que nos ha sido prometida. Son por tanto estudios que nos conectan con Wesley, pero que no son en realidad estudios del pensamiento de Wesley, sino más bien estudios de la Biblia misma con la ayuda de Wesley.

Esto se aviene muy bien a Wesley mismo, quien nunca quiso que sus seguidores fueran ante todo seguidores de Wesley, sino más bien seguidores de las Escrituras. Si subrayamos el legado que hemos recibido de Wesley, esto no se debe a estrecheces denominacionales, ni a un interés por defender posturas teológicas determinadas, sino porque ese legado nos ayuda a entender y a obedecer la palabra de Dios.

Wesley mismo declaró ser un "hombre de un solo libro" – y ese libro era indudablemente la Biblia. Para él, como para toda tradición que le sigue, no hay fuente mejor que la Biblia para conocer las verdades últimas, las verdades que verdaderamente importan. Luego, el estudio bíblico siempre fue para él, y deberá ser para nosotros, parte esencial y fundamento de nuestra vida. Por esa razón, las lecciones que aparecen en este libro son de importancia: no porque sean lecciones acerca de Wesley, sino porque son lecciones acerca de la Biblia con la ayuda de Wesley.

Por otra parte, según dijo hace algún tiempo un autor fuertemente convencido de la autoridad de la Biblia, quien solo conoce la Biblia no conoce la Biblia. Tal aseveración, que puede parecernos extraña, tiene su fundamento en la Biblia misma. La Biblia nos habla de un Dios hacedor de todas las cosas y para quien todas las cosas tienen un propósito final. Esto se ve tanto en los primeros capítulos del Génesis como en el Evangelio de Juan, donde se nos dice claramente que "todas las cosas por medio de él fueron hechas, y sin él nada de lo que ha sido hecho fue hecho" (Jn 1.3). Si todas las cosas han sido hechas por Dios, nada de cuanto hay en nuestro derredor le es ajeno. La Biblia nos habla no solamente de temas doctrinales o espirituales, sino que afirma también la doctrina fundamental de que Dios es creador de todo cuanto hay, y nos invita entonces a una espiritualidad tal que todo el mundo material en torno nuestro cobra dimensiones espirituales.

Es por esto que Juan Wesley se interesó tanto en la ciencia de su tiempo. Frecuentemente hablamos de él solamente como el organizador, predicador y evangelizador, y nos olvidamos de que fue también un hombre interesado en lo que en su tiempo eran los últimos descubrimientos. Hay en sus escritos frecuentes referencias, por ejemplo, a la energía eléctrica y a los experimentos que sobre ella se hacían entonces.

Todo esto quiere decir, en breve, que cuando Juan Wesley decía ser un "hombre de un solo libro", se refería a un libro que le abría perspectivas hacia todo el resto de la creación y hacia todos los libros. Frecuentemente se nos olvida que Wesley era lector asiduo no solo de la Biblia, ni tampoco solamente de libros religiosos, sino de todo cuanto caía en sus manos.

Para quienes nos ha tocado vivir en este vigésimoprimer siglo, es importante que hagamos lo mismo. Vivimos en tiempos de grandes descubrimientos tanto en los espacios siderales como en las partículas atómicas. Vivimos en tiempos en que se ha producido una explosión en la tecnología de las comunicaciones. En tales circunstancias, se nos hace fácil establecer una especie de división entre nuestra fe bíblica y la vida cotidiana – entre la Biblia y la mucha otra información –materiales con que nos topamos tanto en forma impresa como electrónica. Pero no. La Biblia nos dice que esos astros lejanos, que nuestros antepasados ni siquiera sospecharon eran creación del Dios de la Biblia; que esas partículas subatómicas, de que nada sabía cuando yo fui a la escuela, son también creación del mismo Dios.

En una palabra, la Biblia no solamente nos habla de nuestra vida espiritual, sino que nos llama también a una espiritualidad que se relaciona con toda la vida. La Biblia no está ahí solamente para informarnos acerca de ciertas verdades frecuentemente olvidadas, sino que también está ahí para que esas verdades nos den nuevas perspectivas sobre nuestra propia vida y nuestra propia realidad. Dicho en breve, estudiamos la Biblia no solamente para que ella nos informe, sino también para que ya nos forme. Como escribió el apóstol Pablo: «... transformaos por medio de la renovación de vuestro entendimiento...» (Romanos 12.2). Leemos la Biblia para que nuestro entendimiento sea renovado de tal manera que nos transforme.

Esto es de suma importancia al seguir los estudios contenidos en este recurso. No lo hacemos solamente para enterarnos acerca de lo que el bautismo significa, sino también y, sobre todo, para aprender lo que es vivir y comportarse como persona bautizada; no solamente para entender los medios de gracia, sino también para experimentarlos y compartirlos. Una vez más, no leemos la Biblia solamente para informarnos, sino también para que ella nos forme. Ser "bíblico" no es citar la Biblia muchas veces, ni siquiera saberse la Biblia de memoria, sino que es llevar una vida formada por la Biblia.

El estudio de Wesley nos ayuda mucho en esto. Uno de los grandes problemas que la iglesia ha tenido a través de toda su historia, y que vemos constantemente en nuestras propias iglesias hoy, es pensar que lo más importante que hay son las doctrinas hasta en sus más minuciosos detalles. Las doctrinas son importantes, y Wesley siempre las subrayó. Pero más importante que las doctrinas son la vida y el amor. Una doctrina supuestamente muy bíblica que no se traduzca a la vida no es verdaderamente bíblica. Una doctrina supuestamente muy bíblica que no lleve al amor, sino que incite al odio y a la contienda entre los creyentes, por mucho que cite la Biblia, no es bíblica. La doctrina bíblica es la que se manifiesta en una vida bíblica. En esto Wesley nos dio un ejemplo digno de imitación. Siempre se mostró dispuesto a colaborar con personas con quienes no estaba totalmente de acuerdo, siempre que se tratara de una colaboración en amor para llevar a cabo la obra de Dios.

Por otra parte, el hecho de que la Biblia afirma que todo cuanto hay es obra de Dios y, que por tanto, nada le es ajeno quiere decir que tampoco nada ha de ser ajeno a los creyentes de hoy. Como veremos en las páginas que siguen, al tiempo que Wesley subraya la importancia de la santidad, también subraya la necesidad de que esa santidad no sea únicamente personal, sino también social. No es cuestión solamente de yo ser muy santo, sino que es también cuestión de buscar los medios por los cuales la santidad y la justicia de Dios se manifiesten en la sociedad que me rodea.

Por tanto, estimado lector o lectora, al adentrarte en estas páginas y participar en los estudios que en ellas se sugieren, no lo hagas solamente para enterarte de lo que Wesley dijo, ni siquiera para enterarte de lo que la Biblia dice, sino más bien para que la Biblia te diga algo de quien tú eres; para que la Biblia le dé forma a tu vida; para que la Biblia le dé forma a tu actuación en la sociedad en que vives.

Si tal haces, este libro será de bendición para ti y para cuantos te rodean. ¡Dios bendiga tu estudio!

Justo L. González
21 de enero de 2018

CÓMO USAR ESTE RECURSO

¡Saludos en el nombre de nuestro Señor Jesucristo! Este recurso, que tienes en tus manos, es el resultado de muchos años de ministerio entre la comunidad hispana/latina en diferentes lugares. Mi esposa y yo hemos tenido el privilegio de servir como misioneros en México, Nicaragua y Cuba, además de plantar iglesias de habla hispana en Chicago, Carolina del Norte y Texas durante los últimos 25 años. En estos lugares y contextos diversos, hemos conocido a muchos hermanos y hermanas servidores de Cristo, quienes nos han acompañado en este caminar, y por quienes damos gracias a Dios. En cada uno de estos lugares hemos aprendido algo nuevo, y lo hemos incluido en este libro.

La Biblia a través de los ojos de Juan Wesley es una colección de 52 estudios bíblicos o clases para grupos pequeños (clases, células, nuevos creyentes o para el discipulado). Quienes usen este recurso podrán aprender y profundizar sus conocimientos sobre: el estudio de las Escrituras; las doctrinas básicas de la fe, y la teología wesleyana para fortalecer su ministerio –herramientas fundamentales para nutrir el discipulado cristiano en la tradición wesleyana.

Este recurso provee al lector o lectora una breve introducción sobre los sucesos que promovieron los inicios del movimiento wesleyano en Inglaterra. Luego de esta explicación, da paso a la "Primera parte: El Antiguo Testamento y la ley", compuesta por 25 estudios bíblicos. La "Segunda parte: El Nuevo Testamento y la gracia", incluye 27 estudios bíblicos.

Cada estudio bíblico o clase consta de las siguientes partes:

- Un versículo bíblico clave al tema de estudio;
- Una breve introducción al tema de estudio;
- Una enseñanza con observaciones de las *Obras de Wesley*, ya sea de sus comentarios bíblicos, sermones, cartas, diario u otras fuentes;
- Preguntas para reflexionar y discutir en grupos pequeños, y
- Una oración final.

Las clases están diseñadas para proveer enseñanza tanto a personas nuevas en la fe, como a quienes tienen más conocimiento o madurez pero desean seguir leyendo la Biblia a través de los lentes de la herencia wesleyana. Puede que el pastor o la pastora sea quien enseñe las clases, pero de igual manera, el liderato laico preparado puede hacerlo. Como suele ser el caso el maestro o la maestra tiende a aprender más que los alumnos, porque aprende mejor el material al tener que prepararse para facilitar la clase. Cada estudio bíblico contiene una explicación de la enseñanza desde la perspectiva wesleyana, la cual sirve para la instrucción de personas que tienen mucho o poco conocimiento del tema.

He tratado de abstenerme de poner mis opiniones sobre los temas y dejar que la Biblia y también los escritos de Juan Wesley hablen por sí mismos. En todos los pasajes bíblicos utilizo la traducción Reina Valera 1960. En el caso de Wesley mucho de sus escritos han sido traducidos al español en las *Obras de Wesley* editado por Justo González (Franklin, TN: Providence House Publishers, 1998). Sin embargo, no todos sus escritos han sido traducidos al español. Por ejemplo, solamente las *Notas al Nuevo Testamento* están en español, pero no sus comentarios sobre el Antiguo Testamento. Entonces, en citas que he usado de referencia de los escritos de Wesley, o de teólogos que escribieron sobre Wesley, y las fuentes procedentes no están disponibles en español, he provisto la traducción en español y he incluido la información bibliográfica al pie de la página.

El contexto ideal para impartir estas clases son los grupos pequeños en casa, o sea, las células. También las clases se pueden impartir en un estudio bíblico formal en la iglesia como también otros sitios adecuados. El grupo debe estar constituido por un mínimo de 3 o 4 personas hasta un máximo de 20 personas. Es posible usar el material para un grupo más grande, como por ejemplo en una conferencia o una escuela dominical, pero en ese formato puede que la gente no se sienta en la confianza para hacer y contestar preguntas íntimas. Realmente el material está diseñado para grupos pequeños para crear un espacio íntimo de conversación y crecimiento espiritual. Lo ideal sería si los mismos hermanos y hermanas se comprometen a estudiar juntos por un tiempo determinado. Se puede estudiar en partes, por ejemplo, un estudio por semana durante tres meses, o seguir y terminar todos en un año.

Como he mencionado antes, este material ha sido impartido con éxito por este, su servidor, a grupos pequeños o células antes de ser publicado. Estas clases son ideales para el discipulado de nuevos creyentes y la enseñanza bíblica de la doctrina en la herencia wesleyana. Lo más importante es capacitar y nutrir a los creyentes en su caminar de la fe, y que sigan creciendo hacia la santificación. Por supuesto, el material puede ser adaptado según la audiencia y a la duración de la reunión.

Wesley utilizaba los grupos pequeños, los cuales fueron fundamentales durante el desarrollo de las primeras tres etapas del avivamiento wesleyano, y luego de esas etapas inclusive. Estos grupos fueron la clave del éxito del discipulado y el crecimiento del avivamiento.

El ser humano tiene la tendencia de aislarse, sobre todo cuando está en pecado. Estar en un grupo y formar parte de una comunidad que nos apoya y nos exhorta es importante para el discipulado. Estar reunidos en una comunidad de fe nos da fortaleza y nos mantiene responsables cuando tropezamos. Por lo tanto, usar este material en una reunión de un grupo pequeño es consecuente con la trayectoria wesleyana.

Es también necesario, que antes llevarse a cabo el estudio bíblico, quien facilite la enseñanza se familiarice con el contenido del material y se preparare espiritualmente. Es importante orar por la reunión del grupo pequeño y por cada integrante. Pídele a Dios que cada hermano y hermana crezca en la fe y en su proceso de santificación. Además, siempre es bueno orar antes de leer la palabra de Dios. Wesley enseñaba que humanamente no podemos entender la palabra si no pedimos primero la dirección del Espíritu Santo. El lector o lectora necesita despertar sus sentidos para leer el contenido de cada estudio con ojos espirituales, y así poder entender las verdades espirituales que Dios nos quiere enseñar.

Espero que este material sea de gran bendición y transformación tanto para quienes participen en los estudios bíblicos, como para quienes los dirijan.

Philip Wingeier-Rayo
Domingo de Resurrección, 1º de abril de 2018

INTRODUCCIÓN: El avivamiento wesleyano en Inglaterra

Juan Wesley, quien vivió durante lo largo y lo ancho del siglo XVIII (1703-1791), fue producto de su época. Fue uno de diecinueve hijos de los cuales solo diez sobrevivieron la niñez. Fue hijo de un sacerdote de la Iglesia de Inglaterra, Samuel Wesley, y educado en su hogar bajo la tutela de su madre, Susana Wesley, quien le enseñó a leer y escribir con la Biblia y tener devocionales diarios. De allí salió de su casa a la edad de diez años a estudiar en algunos de los mejores colegios de Inglaterra, primero la escuela Charterhouse en Londres y luego la Universidad de Oxford, una institución prestigiosa y la misma gran universidad que formó a John Locke, el filósofo empirista, medio siglo antes.

La religión, así como todos los aspectos de la vida, se había convertido en algo muy racional. De hecho, John Locke escribió un libro titulado *Lo racional de la religión cristiana* (1695), que impulsó muchas de las ideas que surgieron en el movimiento histórico-cultural de la Ilustración, el cual hizo hincapié en el uso de la razón y el menosprecio por la emoción, señalada como una debilidad o una característica de los animales. El deísmo fue una teología extremadamente racional, que no creía en los milagros y sanidades mencionados en la Biblia, ya que no tenían una explicación científica. Mucho de los fundadores de los Estados Unidos de América, como por ejemplo Tomas Jefferson, eran practicantes del deísmo. Esta enseñanza fue la orden del día en el siglo XVIII, y el uso de la emoción en la religión era vista como algo sospechoso y menospreciado.

El imperio Británico se había extendido por todo el mundo desde India hasta las Américas. Existía un dicho que decía: "El sol nunca se pone sobre el imperio Británico". Los sistemas injustos de la colonización y la esclavitud trajeron mucha riqueza a las clases altas en Inglaterra con más productos importados como el azúcar, el tabaco, el algodón con mayor selección de bienes a precios baratos, incluyendo ropa y zapatos más accesible para la creciente clase media. La Iglesia de Inglaterra se había convertido en una iglesia de las élites o clases privilegiadas, las cuales no se preocupaban por la situación difícil de los pobres. Los líderes de la Iglesia de Inglaterra hicieron pocos esfuerzos para adaptar su ministerio al nuevo contexto durante la Revolución Industrial debido a su falta de empatía, visión y liderazgo.

La Iglesia de Inglaterra estaba en un estado de decadencia en el inicio del siglo XVIII. Dos grandes éxodos de clérigos habían debilitado la iglesia unos años antes. En primer lugar, en 1662, un gran número de sacerdotes fueron expulsados de la Iglesia de Inglaterra por negarse a utilizar *El Libro de Oración Común*. Este fue un grupo de puritanos, al cual había pertenecido el abuelo materno de Wesley. En 1689, otro grupo de clérigos se negó a dar su juramento de lealtad a la nueva familia real de Inglaterra, por lo tanto, fueron llamados "Los No Juradores". El grupo incluía a personas tan destacadas como el arzobispo de Canterbury y varios obispos. Estos también fueron expulsados de la iglesia. Los efectos cumulativos de la expulsión de 1662 de quienes se inclinaban más hacia el puritanismo y "Los No Juradores" –que tenían tendencias más católicas– dejó a la iglesia con pocos clérigos preparados y líderes claves.

Esta doble expulsión perjudicó gravemente la capacidad de la iglesia para responder a las necesidades de las personas en medio de la Revolución Industrial. Las nuevas tecnologías y la mecanización de la producción en masa habían comenzado, y miles de personas dejaron el campo para irse a las ciudades con la esperanza de encontrar una vida mejor en las fabricas, minas y la industria textil. En 1712, Thomas Newcomen inventó la maquina de vapor, utilizando carbón como combustible y, esto aumentó la demanda de carbón y, por ende, la necesidad de la fuerza laboral de mineros. Ni el país ni la iglesia estaban preparados para cambios sociológicos, económicos y demográficos tan bruscos. Esta situación trajo muchos problemas sociales de sobrepoblación en las zonas urbanas. No había suficientes viviendas, ni una infraestructura adecuada para acomodar a tantas personas. El hambre, las malas condiciones de trabajo y el alcoholismo eran solo algunos de los problemas socioeconómicos que surgieron en las ciudades. En medio de las influencias del deísmo en Inglaterra y la crisis de la iglesia durante el Siglo de las Luces fue precisamente que Dios levantó a Juan Wesley para dirigir un avivamiento en Inglaterra.

Tres fases del avivamiento wesleyano

Al escribir la historia de los inicios del movimiento metodista, Juan Wesley señala tres etapas. La primera etapa surgió en la Universidad de Oxford, cuando Juan fue invitado a participar en una reunión estudiantil, en la cual ya eran integrantes su hermano menor Carlos y sus amigos John Clayton y John Gambold. En estas reuniones estudiaban la Biblia y otros

a los nuevos creyentes. El inicio de las sociedades, las clases y las bandas abrió el espacio a los nuevos seguidores para el discipulado en su caminar hacia una mayor santidad espiritual.

La idea acerca de los grupos de discipulado tiene sus raíces en la iglesia primitiva y los pietistas moravos, y se basan en la iglesia primitiva de los apóstoles (Hechos 2.42), donde estaban todos unánimes y unidos en el compartimiento del pan y en las oraciones. El propósito de Wesley sobre las reuniones fue el de crear un espacio donde los nuevos creyentes pudiesen alimentar a su fe naciente, y el único requisito para participar era el tener "un deseo de huir de la ira venidera". Aunque el propósito original de las reuniones de clase, por ejemplo, era recaudar dinero para pagar por la capilla en Bristol, Wesley descubrió rápidamente cómo se podían utilizar estos grupos de pacto de discípulos responsables para promover y fomentar la responsabilidad mutua. Kevin Watson escribió en su libro *La reunión de clase: Recuperando una experiencia de grupos pequeños olvidada* lo siguiente: «Hay razones de peso para sostener que la reunión de clase fue el factor más importante del crecimiento de los primeros metodistas y de la retención de conversos dentro del metodismo»[3]. David Lowes Watson resume la función de las sociedades, las clases y las bandas como las estructuras de apoyo para el discipulado y la misión. Al reflexionar sobre los beneficios de las reuniones de clase Wesley escribió:

> «No es fácil imaginar las ventajas que han logrado cosechar con este sencillo arreglo. Muchos disfrutan ahora de esa feliz experiencia que es el compañerismo cristiano, del cual antes no tenían idea. Comenzaron a "sobrellevar los unos las cargas de los otros: y "naturalmente" a "interesarse los unos por los otros". Al mantener diariamente una relación más íntima, creció el afecto recíproco. Así, "siguiendo la verdad en amor, crecían en todo en aquel que es la cabeza, esto es Cristo, de quien todo el cuerpo, bien concertado y unido entre sí por todas las coyunturas que se ayudan mutuamente según la actividad propia de cada miembro, recibe su crecimiento para ir edificándose en amor»[4].

Un aspecto importante de la santidad es el "amor al prójimo". Desde la primera etapa del avivamiento wesleyano, el "Club Santo", en la Universidad

3 Kevin Watson, *La reunión de clase: Recuperando una experiencia de grupos pequeños olvidada* (Franklin, TN: Seedbed Publishing, 2014), pág. 24.

4 Juan Wesley, "Un informe claro sobre el pueblo llamado Metodista", *Obras de Wesley, Tomo V, Las primeras sociedades metodistas* (Franklin, TN: Providence House Publishers, 1998), pág. 226.

de Oxford, ya daba una ofrenda semanal para pagar a una maestra para los niños pobres, y para ayudar a los presos y a sus familias. Más adelante, el movimiento metodista comenzó colegios y dispensarios médicos. Wesley incluso escribió un libro sobre remedios caseros para enfermedades comunes *(Primitive Physick)*. Mientras Juan y Carlos Wesley y sus colegas llevaron a cabo estos ministerios de impacto social: «... vieron su tarea principal como la predicación del Evangelio»[5]. Pero a la vez, los primeros metodistas también estaban preocupados por la sanidad integral o total de la persona, y eso es la santidad social.

Sin embargo, en todo este proceso, un ingrediente clave del movimiento fue el redescubrimiento de la Escritura. La Biblia fue el primer libro que Juan Wesley aprendió a leer con su mamá, Susana, y durante su niñez tuvo que memorizar muchos versículos. Además, sus padres compartieron devociones diarias con él y sus hermanos. De hecho, Wesley se describió a sí mismo como un *"homo unius libri"* (hombre de un solo libro). No es sorprendente que Wesley escribiera sus sermones con profundo conocimiento de la Palabra, y citara pasajes bíblicos de memoria. Uno de los grandes teólogos metodistas del siglo XX, Albert Outler, escribió: «Wesley vivía en las Escrituras y su pensamiento viajaba a todo lo largo y ancho y profundo de la Biblia como si fuera un radar, sintonizándose en la información pertinente sobre cualquier punto que le interesaba abordar»[6]. El avivamiento wesleyano fue un redescubrimiento de la Palabra viva.

A medida que las sociedades y las reuniones de clase empezaron a extenderse, Wesley creyó necesario confiar en líderes de la clase, para nutrir a sus seguidores hacia la madurez espiritual. Aunque él invitó a muchos sacerdotes de la Iglesia de Inglaterra para que le ayudaran en esta tarea, muy pocos acudieron. Wesley escribió al obispo pidiendo ayuda y tampoco recibió respuesta positiva. El pensamiento teológico de Wesley consideraba que cada individuo tenía un valor sagrado para Dios. Así Wesley fue capaz de incluir a las personas comunes para el desempeño de los cargos de dirección en su movimiento. El liderato fue compuesto por el laicado, el cual incluyó a muchas mujeres, quienes, a menudo, eran pobres, con poca o ninguna educación. El análisis detallado de las primeras listas de las clases metodistas también revela el hecho de que la participación de las mujeres superó a la de los hombres en una proporción de dos a uno. El papel de estos líderes de las clases, hombres y mujeres, era extremadamente importante

5 Richard Heitzenrater, *Wesley y el Pueblo Llamado Metodista*, (Nashville: Abingdon Press, 1995), pág. 125.
6 Albert Outler, *Teología en el espíritu wesleyano*, Casa Unida de Publicaciones: Ciudad de México, México, 1992, pág. 14.

dentro de la vida de las sociedades en crecimiento, y en la búsqueda de la madurez espiritual en el pueblo llamado metodista.

Las reuniones de clases, bandas y sociedades eran lugares donde se hacía el trabajo de discipulado. A través de los grupos en las casas, se animaban unos a otras en la fe y crearon espacios íntimos para que los integrantes pudieran rendir cuentas de su vida espiritual. En las palabras de Wesley, una sociedad era: «... una compañía de hombres [y mujeres] que tienen la forma y buscan el poder de la santidad, uniéndose para orar, para recibir la palabra de exhortación, y para vigilarse con amor los unos a los otros, a fin de auxiliarse mutuamente en la obra de su salvación»[7].

Los líderes de la clase, además de interesarse en el estado de las almas de sus miembros, les preguntaban: «¿Qué pecados conocidos has cometido desde nuestra última reunión? ¿Con qué tentaciones te has encontrado? ¿De qué maneras fuiste librado? ¿Qué has pensado, dicho y hecho, que no sepas a ciencia cierta si es pecado o no?». El propósito de estas preguntas íntimas era hacer responsables a las personas de su crecimiento hacia la madurez espiritual. Wesley creía que los grupos pequeños eran los espacios adecuados para facilitar este discipulado, y fue el hilo común entre las tres fases iniciales del avivamiento wesleyano.

¡Ojalá que estos estudios bíblicos sirvan para la formación de grupos pequeños en el contexto de tu ministerio, donde se desarrollen discípulos de Jesucristo para la transformación del mundo!

7 Samuel Christophers, *Class Meetings in Relation to the Design and Success of Methodism*, Samuel Christophers, London Conference Office: Londres, Inglaterra, 1873, pág. 23: https://archive.org/details/classmeetingsin00chrigoog.

PRIMERA PARTE:
El Antiguo Testamento y la ley

INTRODUCCIÓN

Juan Wesley se refirió a él mismo como *homo unius libri* que en latín significa "hombre de un solo libro". Por supuesto él se refería a la Biblia como su fuente principal para encontrar la salvación. La Biblia fue central para la familia Wesley, donde Juan creció junto con sus hermanos y hermanas practicando devocionales familiares. Su papá, Samuel, fue pastor de la Iglesia de Inglaterra y la familia hacía las oraciones matutinas y vespertinas todos los días. La mamá, Susana, enseñaba a los niños a leer y escribir desde pequeños usando la Biblia como su primer libro de texto. El pequeño Juan creció con mucho conocimiento bíblico. De hecho, cuando él predicaba él citaba los textos bíblicos de memoria. En uno de sus sermones, Wesley citó las Escrituras 2,181 veces[8]. Como él hacia estas referencias de memoria, muchas veces, él parafraseaba un versículo bíblico, y otras veces la citaba exactamente de la Biblia. Wesley creía que la Biblia contenía todo lo necesario para la salvación:

> *Solo una cosa deseo saber: el camino al cielo; cómo llegar a salvo a esa costa feliz. Dios mismo se ha dignado mostrar el camino. Para eso fue que vino desde el cielo. Lo ha escrito en un libro. ¡Dadme ese libro! ¡A cualquier precio, dadme el Libro de Dios! Lo tengo. Me basta con el conocimiento que hay en él. Quiero ser homo unius libri [hombre de un libro]. Heme aquí, libre del bullicio humano. Estoy sentado a solas: a solas con Dios. En su presencia abro y leo su Libro. Lo abro con el propósito de encontrar el camino al cielo*[9].

Wesley creía que la Biblia era la Palabra viva de Dios y, por lo tanto, había que orar antes de leerla, para pedir la dirección del Espíritu Santo. Él pensaba que después de la caída de Adán, nosotros, los seres humanos, estábamos muertos espiritualmente y, aunque fuimos creados a la imagen y semejanza de Dios, nuestros sentidos espirituales estaban dormidos: «Ese sueño profundo del alma en el cual el pecado de Adán ha sumido a cuantos descienden de él; es descuido, indolencia, estupidez e insensibilidad en

8 Scott Jones, *John Wesley's Conception and Use of Scripture* (Nashville: Kingswood Books, 1995), págs. 129, 224-5.

9 "Prefacio a sermones en varias ocasiones", *Obras de Wesley: Tomo I, Sermones,* Justo González, editor general (Franklin, TN: Providence House Publishers, 1998), pág. 20.

que todo ser humano viene a este mundo, y en que permanece hasta que la voz de Dios le despierte»[10]. No es hasta que nuestros sentidos espirituales se despierten que realmente podremos entender la Biblia. Estas son las recomendaciones de Wesley para leer la Palabra:

> «Si usted desea leer las Escrituras de tal manera que puedan responder con mayor eficacia a este fin (entender las cosas de Dios) sería aconsejable seguir estos pasos:
>
> **1.** Establezca un tiempo para la lectura, si es posible, cada mañana o cada tarde.
>
> **2.** Si dispone de tiempo suficiente lea un capítulo del Antiguo Testamento y uno del Nuevo. Si no puede hacerlo, lea un solo capítulo o una parte de él.
>
> **3.** Lea con el único propósito de conocer la voluntad de Dios y con la firme resolución de cumplir Su voluntad.
>
> **4.** Lea con atención constante para ver la conexión y la armonía de estas grandes doctrinas: el pecado original, la justificación por la fe, el nuevo nacimiento, y la santidad interior y exterior.
>
> **5.** Ore ferviente y seriamente antes de leer las Escrituras, para entenderlas como solo puede entenderse a través del mismo Espíritu Santo que las inspiró. Del mismo modo, debemos terminar la lectura con una oración.
>
> **6.** Mientras lee, haga una pausa para examinarse a Ud. mismo, tanto en lo referente a su corazón como a su vida. Utilice de inmediato todo lo que Dios le muestre, para su salvación presente y eterna»[11].

Wesley también recomendaba leer las Escrituras en su totalidad, como una sola unidad. O sea, que ningún pasaje debe contradecir el mensaje central de la Palabra. Wesley leía las Escrituras con mucho detalle y, a veces, notaba contradicciones, pero las interpretaba a la luz del mensaje principal del amor de Dios.

---

10 "Sermón 3: Despiértate, tú que duermes, *Obras de Wesley: Tomo I, Sermones,* Justo González, editor general (Franklin, TN: Providence House Publishers, 1998), pág. 53.

11 Juan Wesley, "Seis consejos de Wesley para estudiar la Biblia". Visitado el 10 de diciembre de 2017. http://iew-la.blogspot.pe/2015/06/seis-consejos-de-john-wesley-para.html.

Este libro, con 52 estudios bíblicos, está dividido en dos partes. Esta primera parte contiene 25 clases, basadas principalmente en pasajes y personajes del Antiguo Testamento. La misma cuenta con cinco secciones sobre: la creación de Dios, el pecado, Dios quien hace un pacto con su pueblo, Dios obra a través de José y Moisés y la liberación de los israelitas.

Para interpretar estos pasajes consulté las *Obras de Wesley,* para ser más preciso, su diario, sermones y sus notas sobre la Biblia– para dar luz al significado y obtener enseñanzas en el espíritu de Wesley. La persona que dirija la clase, ya sea el pastor, pastora o líder puede usar cada clase individualmente. Sin embargo, lo mejor sería el estudio continuo de una serie, pues, los estudios de la primera parte van en orden cronológico según las historias del Antiguo Testamento, y los estudios de la segunda parte siguen la vía de la salvación según Juan Wesley.

Las clases en esta primera parte comienzan con la misión y la creación de Dios, luego la caída de Adán, el pecado original y, por último, los esfuerzos de Dios para redimir al pueblo de Israel, a través del pacto con Abraham y personajes de la historia del pueblo de Israel, como por ejemplo: Isaac, Jacob, José y Moisés.

Espero que las clases sean de bendición para tu vida espiritual y el discipulado de nuevos creyentes.

SECCIÓN A: LA CREACIÓN DE DIOS

Estudio bíblico #1: La misión de Dios

Génesis 1.1-5

Versículo clave
Génesis 1.1: «En el principio creó Dios los cielos y la tierra».

Introducción al tema
¿Cuál es el propósito de Dios para mi vida? ¿Qué quiere hacer Dios con mi vida? ¿Por qué Dios me creó y me dio vida? Estas son algunas de las preguntas que nos podemos hacer cuando queremos descubrir el propósito de Dios en nuestras vidas. Dios quiere lo mejor para ti y para el mundo. Si has luchado para hacer el bien, pero sufres fracasos o derrotas en la vida, no estás solo o sola. El enemigo anda buscando cómo hacernos caer y cómo devorarnos. Así que no te sientas mal. Dios nunca nos desampara. Dios nos ama y no se olvida de nosotros.

Una vez, uno de mis amigos estaba pasando por una mala racha. Parecía que nada le iba bien. Cuando intentaba levantar cabeza, ya fuera para buscar un trabajo, reconciliarse con la novia, o reparar las relaciones en su familia, siempre ocurría algún malentendido que echaba a perder sus mejores intenciones. No obstante, esto no era lo que Dios quería para mi amigo. Dios lo creó para vivir en plenitud en paz con sus seres queridos y con su projimo y de salir adelante. Con sus ojos puestos en esta promesa de Dios, mi amigo se fue levantando: reconciliándose con la novia, encontrando un trabajo, y recibiendo las bendiciones que Dios quería para él. Dios quiere lo mejor para nosotros, nuestras familias, comunidades y naciones. Desde un principio su propósito fue –y aún es– el de redimir al mundo.

Enseñanza
Desde el principio Dios creó el mundo y a los seres humanos con la misión de salvar a su creación. Dios nos creó a los seres humanos con el propósito de amarnos y salvarnos. Creó los cielos y la tierra y después dijo que era bueno. Su santa voluntad para la creación es que todo continúe siendo bueno. Sin embargo, el pecado entró al mundo y lo corrompió todo.

Juan Wesley comienza su sermón "La expansión del mensaje del evangelio" con la declaración: «¡Qué situación tan tremenda la de nuestro mundo presente! ¡Toda la tierra cubierta de oscuridad, de falta de claridad intelectual, y de ignorancia, y todo ello lógicamente acompañado de conductas viciosas y desdicha!»[12].

Pero Dios no se dio por vencido. Juan 3.16 nos enseña que Dios amó tanto al mundo que dio a su único hijo para que todo aquel que en él cree, no se pierda, mas tenga vida eterna. Dios quiere redimir al mundo y nos invita a ser copartícipes en este proyecto. Dios nos está invitando a ser sus instrumentos para que anunciemos su propósito de la salvación eterna al mundo. Así como Dios no abandonó a mi amigo, Dios no pierde la esperanza y nos sigue invitando a creer en él, a aceptar a Jesucristo como nuestro Señor y salvador y, a entrar en un proceso de discipulado para la transformación del mundo; una vida tras otra.

Preguntas para reflexionar y discutir

1. ¿Cuál piensas tú que es la misión de Dios?

2. ¿Qué Dios te ha llamado a hacer dentro de esta misión?

3. A pesar de la oscuridad que podamos experimentar en el mundo, ¿dónde has visto a Dios obrando en tus entornos?

4. ¿Cómo la iglesia puede participar en la misión de Dios?

Oración

Gracias, Señor por ese amor tan grande que tienes por tu creación. Gracias por la vida y la esperanza que nos brindas en medio de la oscuridad. Gracias por enviarnos a Jesucristo para enseñarnos el camino. Permite, oh Señor, que podamos seguirle para encontrar la salvación personal y la transformación del mundo. Amén.

---

12 "Sermón 63: La expansión del mensaje del evangelio", *Obras de Wesley: Tomo IV, Sermones,* Justo González, editor general (Franklin, TN: Providence House Publishers, 1998), págs. 28-29.

Estudio bíblico #2: Dios creador del mundo

Génesis 1.24-28

Versículo clave

Génesis 1.28: «Y los bendijo Dios, y les dijo: 'Fructificad y multiplicaos; llenad la tierra, y sojuzgadla, y señoread en los peces del mar, en las aves de los cielos, y en todas las bestias que se mueven sobre la tierra'».

Introducción al tema

Dios creó el mundo y dijo que era bueno. El acto de crear el mundo y todas las especies es el primer acto del Dios creador. Creó el mundo en seis días, y dijo que era bueno. Los seres humanos tenemos la responsabilidad de ser mayordomos de la creación; no destructores. No estamos aquí para dominar las especies, sino para cuidar la creación y preservarla para nuestras futuras generaciones. Actualmente, el mundo está enfrentando los fenómenos climatológicos del calentamiento global. La contaminación del medio ambiente, los deshechos de químicos tóxicos y la desforestación ha contribuido a que suba la temperatura global. Esto hace que las capas de hielo en el Polo Norte y Polo Sur se derritan, y suba el nivel del mar poco a poco en todo el mundo. Desde hace unos años, los científicos nos han estado avisando y alertando de las consecuencias de seguir cortando árboles y contaminando el medio ambiente.

Enseñanza

Dios creó el mundo y todo lo que hay en él. Por lo tanto, el mundo fue creado para ser bueno. Sin embargo, en la caída de Adán se dañó ese propósito original. El pecado hace que el mundo se corrompa. No obstante, el propósito de Dios es que la creación se renueve: «He aquí, yo hago nuevas todas las cosas» (Apocalípsis 21.5). Wesley escribió en su sermón titulado "La nueva creación": «Este horrible estado de cosas presente pronto llegará a su fin. En la nueva tierra ninguna criatura matará, lastimará o hará sufrir a otra. El escorpión no tendrá aguijón venenoso ni la serpiente veneno en sus colmillos. El león no tendrá garras para despedazar al cordero, ni dientes para triturar su carne y sus huesos. Ninguna criatura, ninguna bestia, ave o pez sentirá la necesidad de lastimar a otro. La crueldad habrá desaparecido, y las conductas salvajes y violentas serán olvidadas. No se escuchará más acerca de la violencia, ni se verá desgaste o destrucción sobre la superficie de la tierra. *Morará el lobo con el cordero…*»[13].

Preguntas para reflexionar y discutir

Génesis 1.28 relata la historia de la creación, en donde los seres humanos debemos sojuzgar y señorear los peces, las aves y las bestias de la tierra. ¿Cuál es el papel de los seres humanos en la creación?

1. ¿Qué significa para una persona cristiana ser "mayordomo"?

2. ¿En qué forma podemos ser buenos administradores de la creación de Dios?

3. ¿De qué forma podemos cuidar la creación en nuestros hogares y en nuestras iglesias?

4. ¿Cómo estamos viviendo estos valores en nuestra vida cotidiana?

5. ¿Cómo se los estamos enseñando a nuestros hijos e hijas?

6. ¿Tiene tu iglesia un programa para reciclar las latas y el papel?

Oración

Señor, perdónanos por no saber cómo administrar la creación que nos has confiado. Pon en nosotros el deseo de querer cuidar el planeta por el bien de nuestros hijos e hijas. Sabemos que fundaste la tierra sobre sus cimientos, y como dice el salmista: «… no será jamás removida» (Salmo 104.5). Amén.

---

13 "Sermón 64: La nueva creación", *Obras de Wesley: Tomo IV, Sermones,* Justo González, editor general (Franklin, TN: Providence House Publishers, 1998), págs. 28-29.

Estudio bíblico #3: La imagen natural de Dios

Génesis 1.26-31

Versículo clave

Génesis 1.27: «Y creó Dios al hombre a su imagen, a imagen de Dios lo creó; varón y hembra los creó».

Introducción al tema

En este estudio vamos a discutir el tema de la imagen natural de Dios. Dios creó al ser humano a su imagen y semejanza. A veces, es difícil creer que fuimos creados por Dios cuando vemos la crueldad en el mundo. Sin embargo, la palabra de Dios nos enseña que cada ser humano es creación de Dios. Muy pocas personas alcanzamos la meta que Dios quiere para nosotros. Dios quiere que seamos perfectos (véase Mateo 5.48), pero por causa del pecado original estamos esclavizados al pecado. Solo por medio de los méritos de Jesucristo es que podemos recibir la gracia de Dios y la nueva oportunidad de recuperar nuestro estado original. No podemos hacerlo solos, pero si ponemos nuestra fe en Cristo Jesús, ¡todo es posible! Lo bueno es que Dios nos dio la capacidad de tener una relación con él por medio de la imagen natural de Dios. Cuando tú y yo estamos lejos de esta meta, es de gran bendición recordar dos importantes lecciones de esta doctrina: 1) que somos creados a la imagen de Dios, y que Dios aún no ha acabado con la obra que comenzó en nosotros, y 2) que es parte del plan de Dios de darnos libre albedrío para encontrar el camino de Dios. Yo tampoco he alcanzado la meta que Dios quiere para mí, pero me da ánimo recordar que fui creado a la imagen natural de Dios, porque sé que está en mí y Dios quiere lo mejor para mi vida.

Enseñanza

Una doctrina muy importante, y muy linda, para los cristianos es la de la antropología teológica. O sea, cómo es la naturaleza del ser humano según Dios. Desde la creación, Dios establece la naturaleza del ser humano como algo que viene directamente de él. Génesis 2.27 dice: «Y creó Dios al hombre a su imagen, a imagen de Dios lo creó; varón y hembra los creó».

Juan Wesley interpretó la imagen de Dios en tres formas: la imagen natural, la imagen política y la imagen moral. En este estudio, discutiremos la imagen natural. La imagen natural es lo que nos da la capacidad para conocer a Dios. Dios nos creó con sensibilidades espirituales para tener una relación con él, pero también nos dio libre albedrío y libertad. Sin embargo, esta imagen natural de Dios fue distorsionada a partir de la caída de Adán en el jardín de Edén: cuando el ser humano cayó de la gracia por comer el fruto del árbol prohibido.

Preguntas para reflexionar y discutir

1. Génesis 1.27 dice que fuimos creados a la imagen de Dios. ¿Qué significado tiene esta afirmación para ti?

2. ¿Cuáles son los atributos de Dios que ves en tu persona?

3. La imagen natural de Dios nos da la capacidad espiritual para conocer a Dios y tener fe en él. ¿Puedes pensar en algún ejemplo, de tu experiencia personal, sobre la capacidad de conocer a Dios?

4. A veces, es difícil creer que un Dios de amor nos puede dar tanta libertad, aun cuando nos hacemos daño a nosotros mismos y a quienes están a nuestro derredor. ¿Qué significa para ti el libre albedrío?

Oración

Señor, te damos gracias por habernos creado a tu imagen y semejanza. Gracias por todos los atributos que nos diste. A pesar de nuestros pecados y de alejarnos de ti, sabemos que aún nos amas y quieres que regresemos a una relación íntima contigo. Gracias por darnos la capacidad natural para conocerte. Te pedimos Señor que seas lento para la ira y grande en misericordia. En el nombre de Jesucristo, te lo pedimos. Amén.

Estudio bíblico #4: La imagen moral de Dios

1ª de Juan 4.7-12

Versículo clave

1ª de Juan 4.7 «Amados, amémonos unos a otros; porque el amor es de Dios. Todo aquel que ama, es nacido de Dios, y conoce a Dios».

Introducción al tema

Los desastres naturales son terribles. Juana fue el primer huracán que experimenté en Nicaragua. El huracán entró a la ciudad de noche. A medida que iba aumentando el viento y la lluvia tuve que levantarme y alejar mi cama más y más de la ventana, porque estaba entrando agua y me estaba mojando. Cada hora tuve que levantarme y mover la cama un poco más hasta que estaba en medio de la habitación, porque el agua entraba por todos lados. El poder de la naturaleza es increíble y desastres naturales como terremotos, huracanes e inundaciones afectan grandemente a un pueblo. La gente pierde propiedades, negocios, y algunas personas hasta pierden la vida. Cuando pasan estas cosas, algunas personas culpan a Dios, o aún peor, que Dios mandó un desastre para castigar a una comunidad por sus pecados. Sin embargo, la Biblia nos enseña que Dios es amor. También la Palabra dice que de la misma fuente no puede salir agua amarga y agua dulce. Quiere decir que Dios no puede ser el autor de la bondad y también de la maldad. En medio de un desastre natural, e inmediatemente después de la destrucción, también vemos actos de valentía, autosacrificio y generosidad. Esta capacidad de amar sin intereses personales, es el reflejo del amor de Dios. Génesis 1.27 dice que Dios creó al ser humano a su imagen y semejanza. Quiere decir que fuimos creados con esta misma capacidad de amar. En esto consiste la imagen moral de Dios.

Enseñanza

Dios creó al ser humano a su imagen y semejanza. Juan Wesley interpretó esa imagen como un compuesto de tres partes: natural, política y moral. En este estudio, vamos a analizar la imagen moral, es decir, nuestra capacidad de amar. Después de crear el mundo, en el sexto día, Dios creó al ser humano y dijo que era bueno. O sea, que heredamos los atributos de nuestro Creador. Tenemos la capacidad de ser buenos, porque Dios es bueno. Dios es amor, y por lo tanto, tenemos la capacidad de amar gracias a nuestro creador. ¡Qué gran poder es este! También la imagen moral que Dios nos dio nos da la capacidad para la justicia y la santidad. Piensa por un momento en el poder de amar que Dios nos ha otorgado. Esto se llama la imagen moral. Pero esto no es una categoría legalista o moralista, sino una relación marcada por el amor. Dios nos da la habilidad de ser llenos del amor, como él está lleno de amor. Heredamos la capacidad de reflejar este amor al mundo a través de actos de misericordia a nuestro prójimo. Sin embargo, después del pecado original de Adan, esta imagen moral fue dañada y distorcionada, y el ser humano fue esclavizado por el pecado. Solamente por medio de la gracia de Jesucristo, nuestro Redimidor, podemos recuperar la imagen moral y reflejar otra vez el amor de Dios al mundo.

Preguntas para reflexionar y discutir

1. ¿Alguna vez has experimentado un desastre natural? ¿Qué sentiste?

2. ¿Has sentido el poder natural de Dios? Ahora piensa en el poder para hacer el bien. ¿Te ves capaz de reflejar ese poder al mundo?

3. ¿Quién es la persona que más refleja el amor, la santidad o la justicia de Dios? Puede ser una persona conocida o una persona de la historia. ¿En que forma esa persona refleja el poder de Dios?

4. ¿Cómo tu podrías reflejar el amor, la santidad o la justicia de Dios a través de tu testimonio?

Oración

Dios de misericordia, gracias por ese amor tan grande que tienes para con nosotros. Perdónanos cuando en medio de nuestras calamidades no siempre vemos tu mano moviéndose a nuestro favor. Gracias por crearnos con la capacidad de amar. Permite, oh Señor, que podamos reflejar ese amor a nuestro prójimo por medio de la gracia de nuestro Señor Jesucristo. Amén.

Estudio bíblico #5: La imagen política de Dios

Colosenses 3.23-25

Versículo clave

Colosenses 3.23: «Y todo lo que hagáis, hacedlo de corazón, como para el Señor y no para los hombres».

Introducción al tema

En el Estudio bíblico #3 aprendimos sobre la imagen natural, mediante la cual Dios nos da la capacidad espiritual para conocerlo. Aprendimos en el Estudio bíblico #4 sobre la imagen moral de Dios, por medio de la cual adquirimos su capacidad de amar. Hoy daremos seguimiento a ambas imágenes –natural y moral– de Dios en nosotros, y además estudiaremos la imagen política de Dios. Dios nos ha confiado la creación. La imagen política de Dios no se refiere a la política como hoy en día la conocemos, sino a la habilidad que nos da para cuidar o administrar; para ser mayordomos o coadministradoras de la creación de Dios.

Actualmente, nuestro sistema consumista e individualista nos lleva a pensar que todo lo que ganamos es nuestro. Decimos: «Si yo trabajo y gano mi dinero, yo puedo hacer lo que me plazca con ese dinero». El sistema capitalista nos inculca el valor del dinero como la recompensa por nuestros esfuerzos. Después de trabajar y sacrificarse, pues, es normal querer disfrutar del esfuerzo de esa labor, ¿verdad?

Fíjate que Juan Wesley no pensaba así. El predicaba y enseñaba que todo le pertenece a Dios. Claro que no es pecado tener lo básico y lo necesario para vivir. La Biblia dice: «Digno es el obrero de su salario» (1ª de Timoteo 5.18). O sea, que no es malo ganar el salario y proveer sustento para la familia. Pero, sí lo es cuando tenemos almacenado mucho y otros no tienen lo suficiente para cubrir sus necesidades más básicas. Lucas 3.11 nos enseña que si tenemos dos chaquetas y alguien no tiene, debemos regalarle una de esas chaquetas. Por supuesto, hoy en día la vida es mucho más complicada que antes. Hay necesidades que son muy caras, por ejemplo: una casa, un carro, seguro de salud, una pensión para jubilarse y pagar la universidad de nuestros hijos. No creo que Dios quiera que privemos de estas necesidades básicas a nuestra familia. Al fin y al cabo, los cristianos responsables cuidan de sí mismos para no dar lástima a los demás. También los padres/madres responsables cuidan de sus hijos y les proveen oportunidades para seguir adelante en la vida. Dios nos invita a reflexionar en si estamos siendo buenos mayordomos de los recursos que ha puesto bajo nuestro cuidado.

Cuando estaba trabajando como misionero en Cuba, instalamos verjas [cercas/vallas] en la casa pastoral. No teníamos un taladro eléctrico para abrir hoyos en la pared. Así que lo pedimos prestado a uno de los vecinos. El taladro se rompió por el uso continuo. Me dio mucha vergüenza con el vecino que nos prestó el taladro. No tenía la cara para regresarle su taladro roto. En Cuba es muy difícil encontrar herramientas, y no se puede ir a la tienda y comprar las que se necesiten tan fácilmente. Así que tuve que mandar a buscar la pieza que necesitaba a los Estados Unidos de Norteamérica para poder reparar el taladro.

Los recursos que tenemos a nuestro alcance pertenecen a Dios. Nuestro deber es ser buenos mayordomos del planeta. La palabra "sojuzgar" a veces ha sido mal interpretada como "dominar", pero esa no es la intención de Dios. La imagen política de Dios no implica tomar el lugar de Dios. Dios sigue siendo el amo de la creación y él nos invita a ser los mayordomos.

Enseñanza

Dice la palabra de Dios en Génesis 1.27: «Y creó Dios al hombre a su imagen, a imagen de Dios lo creó; varón y hembra los creó». Juan Wesley entendía que la imagen de Dios estaba compuesta por tres partes: la imagen natural, la imagen moral y la imagen política. La imagen política es la que capacita para gobernar o administrar el mundo. El siguiente versículo dice así: «Y los bendijo Dios, y les dijo: "Fructificad y multiplicaos; llenad la tierra, y sojuzgadla, y señoread en los peces del mar, en las aves de los cielos, y en todas las bestias que se mueven sobre la tierra"». Dios nos da la capacidad de gobernar y de ser coadministradores del mundo natural. Juan Wesley predicó y enseñó mucho sobre la mayordomía cristiana. El entendía que todo viene de Dios y pertenece a Dios. Mientras estamos en la tierra, tenemos acceso a recursos, pero es un error pensar que son nuestros. De todos modos, nuestra vida es efímera y todo va a regresar a Dios. Es nuestra obligación cuidar, utilizar e invertir estos recursos en el reino de Dios mientras estemos vivos.

Preguntas para reflexionar y discutir

1. Comparte una experiencia personal de haber pedido algo prestado.

2. Cuando has pedido prestado, ¿cómo te has sentido mientras has tenido bajo tu cuidado lo que te prestaron?

3. ¿Alguna vez has roto o perdido algún objeto ajeno? ¿Qué hiciste?

4. ¿Cuáles son los recursos que Dios te ha prestado?

5. ¿Cómo podemos administrar mejor esos recursos?

Oración

Dios, te damos gracias por la imagen política que nos has regalado. Gracias por el don de la administración y la confianza que has puesto en nosotros. Permite, oh Señor, que podamos ser dignos de esta tarea. Permite que podamos ver los recursos a nuestro alcance como tuyos, y de administrarlos de una forma que te agrade. Perdónanos por no cuidar los recursos naturales. Enséñanos a hacerlo mejor. En el nombre de Jesús. Amén.

SECCIÓN B: EL PECADO

Estudio bíblico #6: La caída

Génesis 3.4-7

Versículo clave
Génesis 3.6: «Y tomó de su fruto, y comió; y dio también a su marido, el cual comió así como ella».

Introducción al tema
–*Si Dios es tan bueno, ¿cómo se explica tanta maldad, pobreza y sufrimiento en el mundo?* –me preguntó Luis cuando le hablaba de Dios.
–*Es una buena pregunta, pero hay que comprender que el mundo ahora no está como Dios lo había planeado. Dios creó el mundo perfecto, y nos creó a su imagen y semejanza, sin embargo cuando Adán y Eva comieron del árbol prohibido, nos caímos de la gracia de Dios* –respondí a Luis.

Muchas personas como Luis, no entienden de dónde viene tanta maldad, y culpan a Dios por las cosas malas; otras incluso creen que Dios castiga con esas cosas malas que pasan. Sin embargo, la explicación del origen de la maldad está en la Biblia.

El acto de Adán y Eva de desobedecer al mandato de Dios representa el primer pecado de la humanidad. Este pasaje en el principio de la Biblia explica de dónde viene la maldad. Dios es un dios de amor, así que la maldad no viene de Dios. Y Dios creó todo lo que dice la Biblia, y dijo que era bueno (Génesis 1.31). Por lo tanto, el origen de la maldad no está en la creación. La maldad entra el mundo cuando, nosotros, los seres humanos, desobedecemos a Dios. Y después de que Adán y Eva comieron del árbol prohibido, Dios nos maldijo y ese estado original fue manchado. Génesis 3.17 dice: «Por cuanto obedeciste a la voz de tu mujer, y comiste del árbol de que te mandé diciendo: "No comerás de él"; maldita será la tierra por tu causa; con dolor comerás de ella todos los días de tu vida». Sin embargo, Dios quiere que volvamos a ese estado original a través de su hijo Jesucristo.

La naturaleza del ser humano es un tema muy controversial en el mundo de hoy. Muchas personas se han vuelto escépticas acerca de la naturaleza del ser humano. Algunas personas no ejercen su derecho a votar, porque creen que todos los políticos son corruptos. Nuestras cárceles están llenas, porque la sociedad no tiene esperanza de que un criminal pueda ser restaurado en un ciudadano honesto, y preferimos encerrarlo con una sentencia de por vida. Algunos niños en las escuelas son discriminados y subestimados, y no se les ve el potencial para ser exitosos solo por tener una raza y cultura diferentes, o por el barrio de donde vienen, o por su situación en el hogar. Y tú, ¿crees que el ser humano puede cambiar?

Enseñanza

Uno de los padres de la iglesia, San Agustín de Hipona (354-430), obispo de Hipona, fue el responsable por interpretar el pasaje de Adán y Eva, y desarrollar la doctrina del pecado original. Ya en la época de Wesley, esta doctrina estaba generalmente aceptada como una base fundamental para la teología cristiana. La doctrina del pecado original nos explica cómo nosotros, los seres humanos, que fuimos creados a la imagen y semejanza de Dios hemos caído en tanta desgracia que vemos hoy en día en el mundo. Wesley toma el tema del pecado original como punto de partida para desarrollar el plan de salvación, o lo que Wesley llamaba "la vía de la salvación". Este plan de Dios comienza con la venida de Jesucristo al mundo (Juan 3.16). Esta invitación a la salvación, viene a nuestras vidas a través del Espíritu Santo en una forma misteriosa e invisible para quienes no tienen ojos espirituales. Wesley llamó a este amor de Dios obrando por medio del Espíritu Santo como "la gracia preveniente". O sea, es la gracia que viene a todo ser humano antes de que conozca a Dios. Wesley creía que esta gracia era inmerecida y a la vez universal, es decir, para todo ser humano. Esta gracia nos revela y nos convence de que somos pecadores y necesitamos arrepentirnos. Wesley creía que era posible volver a recuperar la imagen original, pero primero era necesario arrepentirse y seguir "la vía de la salvación".

Preguntas para reflexionar y discutir

1. Al leer Génesis, capítulo 3, ¿cuáles fueron las consequencias del pecado de Adán y Eva?

2. ¿En qué formas vemos la caída de los seres humanos en la sociedad?

3. ¿Crees que los seres humanos fueron creados buenos o malos? ¿Qué piensas acerca de la naturaleza del ser humano?

4. Vemos muchas guerras, injusticia social y desigualdad en la sociedad. Algunas personas piensan que esto no es el resultado del pecado, sino la acumulación de muchas malas decisiones. ¿Qué opinas? La condición actual de la sociedad, ¿se debe a las malas decisiones de los seres humanos, o es el resultado del pecado original?

Oración

Señor, reconocemos que hay mucho pecado en el mundo. Sabemos que tú quieres lo mejor para tu creación y no hemos cumplido con tus expectativas. Como dice el corito "Ayudame a mirar con tus ojos": «Te pido la paz por mi ciudad, te pido perdón por mi ciudad, y ahora me humillo y busco tu rostro. A quién iré, Señor, sino a ti». Señor, te pido perdón y una nueva oportunidad para ser esa creación que tú deseas que sea. Amén.

Estudio bíblico #7: El pecado original

Génesis 3.17-23

Versículo clave

Génesis 3.17: «Por cuanto obedeciste a la voz de tu mujer, y comiste del árbol de que te mandé diciendo: 'No comerás de él'; maldita será la tierra por tu causa».

Introducción al tema

Varias veces me he encontrado en la situación de invitar a algún conocido a la iglesia. Una de las excusas que con frecuencia escucho es: «Yo soy buena gente, no miento, no digo malas palabras, no he matado a nadie. En fin, yo no hago mal a nadie». En otras palabras, esta persona piensa que es buena y no necesita de Dios. Aunque aparentamente uno no hace cosas malas, muchas veces uno tiene pecados ocultos, o justifica la conducta. La mayoría de las veces no queremos ver nuestro pecado.

Octavio de la Paz, en su libro *El laberito de la soledad*, escribe acerca del machismo en el hombre méxicano, el cual mantiene una máscara que oculta sus verdaderos sentimientos y solamente los saca en la fiesta –cuando bajo la influencia del alcohol, según Paz, el méxicano encuentra el valor para expresar sus sentimientos íntimos de dolor y represión. En algunos sectores de la cultura hispana, es importante para los hombres ponerse una máscara que refleje una imagen fuerte (de macho). En algunos hogares, los niños varones son criados de la misma forma. Por ejemplo, cuando un niño se cae y se golpea muchas veces se le dice «¡No llores! Los niños no lloran». Además muchas familias aparentan que todo anda bien –se visten bien, manejan un buen carro y presentan una imagen de felicidad en público. Sin embargo, dentro de las paredes del hogar, a veces la familia no es tan feliz como se proyecta. Pueden haber problemas en el matrimonio, con los hijos, de salud o de finanzas, pero los ocultan. Dios quiere que seamos felices. Uno de los frutos del Espíritu Santo es el gozo (Gálatas 5.22). Pero el gozo es un regalo de Dios que comienza en el corazón, el cual va de adentro hacia afuera. No podemos engañar a Dios con nuestra apariencia.

Enseñanza

La vía de la salvación, según Wesley, comienza con la doctrina del pecado original. La Biblia nos enseña que nadie está libre de pecado. En el libro de Génesis, Adán y Eva fueron creados a la imagen y semejanza de Dios, pero caen de la gracia de Dios al probar del árbol prohibido. La Biblia dice: «Por cuanto obedeciste a la voz de tu mujer, y comiste del árbol de que te mandé diciendo: "No comerás de él"; maldita será la tierra por tu causa» (Génesis 3.17). También el apostól Pablo dice: «... todos pecaron, y están destituidos de la gloria de Dios...» (Romanos 3.23).

Para comenzar este proceso de salvación, hay que ser transparentes y confesarnos delante de Dios. La Biblia nos enseña que a Dios no podemos ocultarle nada. Dios ya conoce lo que hay en nuestro corazón y, nos conoció desde que estuvimos en el vientre de nuestra madre (Isaías 49.1). Solamente cuando confesemos nuestros pecados, podremos comenzar el proceso de sanidad en nuestras vidas y en nuestras familias.

Preguntas para reflexionar y discutir

1. ¿Cuáles son algunas acciones o actitudes que piensas no están bien delante de Dios?

2. ¿Cuáles son algunas máscaras que el ser humano usa para proyectar alguna imagen al público, y a la vez esconder sus verdaderos sentimientos?

3. ¿Conoces a alguien que dice que es buena persona y aparenta estar bien, pero tú sabes que necesita de Dios? Comparte tus experiencias con el grupo.

4. ¿Eres tú la misma persona en privado y en público? ¿Cómo uno puede mantener la integridad y la sinceredad de ser la misma persona dondequiera que se encuentre?

Oración

Señor Jesús, reconozco que soy un pecador / una pecadora, y he pecado contra ti y contra mi prójimo. Te pido perdón por aquellas acciones y pensamientos que van en contra de tu voluntad, y por aquello que debo hacer y no he hecho. Perdóname; dame una nueva oportunidad. Te doy gracias porque moriste en la cruz por mí, aún cuando no lo mereciste, estuviste dispuesto a entregar tu vida por la mía. Sin embargo, necesito de tu gracia de perdón y purificación. Gracias por la nueva oportunidad que tu perdón me ofrece. En tu dulce nombre. Amén.

Estudio bíblico #8: Noé y el diluvio

Génesis 6.17-19

Versículo clave

Génesis 6.18: «Mas estableceré mi pacto contigo, y entrarás en el arca tú, tus hijos, tu mujer, y las mujeres de tus hijos contigo».

Introducción del tema

En una ocasión fui con mi familia a acampar durante una semana a un parque nacional en Canadá, que tiene una cadena de lagos, uno tras otro. Es un área natural protegida y no se permiten las lanchas de motor. Lo divertido es llevar mochilas con comida, ropa y una tienda de campaña en una canoa e ir viendo la naturaleza. El viaje comenzó bien, pero llovío al segundo día. ¡Llovió todo el día! No teníamos forma de refujiarnos de la lluvia.

En nuestras vidas cotidianas a veces llegamos a pensar que tenemos el control de nuestras vidas, pero allí en medio de la naturaleza una cosa teníamos segura: vivíamos por la misericordia de Dios. Entonces, nos montamos en la canoa y remamos todo el día. Llovió durante tres días. Estábamos mojados y con frío. Al otro día, aún estábamos sobre el agua cuando dejó de llover. Salió el sol y vimos un arcoíris sobre el lago. ¡Qué gozo nos dio sentir el calor del sol y sentir la seguridad de que Dios estaba con nosotros! Entonces, me acordé de la historia bíblica del arca de Noé.

Durante el viaje de campismo, mientras estaba remando todo el día sobre el lago, solamente veía agua por todas partes. Por un lado veía agua, y por el otro lado, también. De nada nos servía llegar a tierra firme, porque no había donde refugiarnos del agua. Realmente nos sentíamos desprotegidos y vulnerables ante el poder de la naturaleza.

Juan Wesley viajó más de 250,000 millas a caballo a lo largo y ancho de Inglaterra. Llueve constantemente en Inglaterra, porque es una isla expuesta a las tormentas que vienen del océano Atlántico. Sin embargo, él viajó de un pueblo a otro predicando el evangelio; confiado que Dios iba con él. Creo que esto fue una buena lección para mí, porque hoy en día tenemos tantos inventos modernos para controlar la naturaleza. Pensamos que podemos dominar a la naturaleza. Por ejemplo, el invento del avión como medio de transporte moderno nos da la facilidad de viajar de un país a otro en cuestión de unas horas. Hace doscientos años, ¿quién iba a creer que algún día el ser humano iba a desafiar la ley de la gravedad? De vez en cuando viajo en avión y me llama la atención la diferencia que hay entre volar en un avión en los Estados Unidos de Norteamérica y volar en un avión en América Latina. En los EE. UU., los pasajeros tienen la tranquilidad y confianza de que el avión va a llegar a su destino. Sin embargo, en América Latina se ve mucha gente orando y persignándose antes del despegue. Y en el momento que el avión aterriza, todos los pasajeros aplauden al piloto como una muestra de su agradecimiento. Dios nos creó y dependemos de Dios. Cuando Dios nos da una segunda oportunidad, a este acto de amor se le llama la gracia de Dios. La gracia de Dios es un regalo que es gratis e inmerecido.

Enseñanza

El tema principal en la doctrina wesleyana es la gracia de Dios, que básicamente es el amor de Dios. La historia del arca de Noé es sobre la gracia de Dios para la tierra. La Biblia relata en Génesis 6.5-6, que Dios vio la maldad de los seres humanos en sus acciones y pensamientos, y se arrepintió de haberlos creado. La tierra estaba llena de corrupción y violencia. Entonces, Dios le dijo a Noé que hiciera un arca de madera, y envió un diluvio de cuarenta días para limpiar la tierra. Noé halló gracia ante los ojos de Dios. Y por eso, Dios estableció un pacto con Noé y su familia. Solamente se salvaron la familia de Noé y una pareja de cada especie del reino animal. Cuando salió el sol, Dios estableció el arcoíris como símbolo del pacto de no volver a exterminar la tierra. El arcoíris es símbolo de un pacto que Dios hizo con los seres humanos de no destruir a la humanidad. En otras palabras, el arcoíris es un símbolo de la gracia de Dios.

Wesley vivió hasta los 88 años —algo inusual en su época. Cuando estaba en su lecho de muerte, los testigos cuentan que sus últimas palabras fueron: «Lo mejor de todo es que Dios está con nosotros»[14].

El arcoíris es un símbolo de la gracia de Dios, y una señal que Dios está con nosotros.

14 Richard Heitzenrater, *Wesley y el pueblo llamado metodista* (Abingdon Press, 2001), pág. 280.

Preguntas para reflexionar y discutir

1. ¿Cuándo te has sentido vulnerable ante el poder de la naturaleza de Dios?

2. ¿Cómo experimentas la gracia de Dios ante la situación de miedo y de peligro? ¿Sientes agradecimieto con Dios?

3. ¿Cuál debe ser nuestra relación con la naturaleza?

4. ¿Cómo podemos respetar y a la vez vivir en armonía con la creación?

Oración

Señor, en medio de las tempestades y tormentas de la vida, te damos gracias por el amor incondicional que tienes para nosotros. Te damos gracias por el pacto que estableciste con Noé de nunca más destruirnos. Sabemos que muchas veces lo que hacemos te frustra, pero cada vez que vemos el arcoíris recordamos que tú eres un Dios «… tardo para la ira, y grande en misericordia…» (Nehemías 9.17). Amén.

Estudio bíblico #9: La torre de Babel

Génesis 11.1-9

Versículo clave

Génesis 11.7: «Ahora, pues, descendamos, y confundamos allí su lengua, para que ninguno entienda el habla de su compaño».

Introducción al tema

Me fascina ver el canal de televisión National Geographic, y aprender sobre las distantas culturas e idiomas alrededor del mundo. Una vez tuve el privilegio de viajar a Turquía. Durante mi estadía me encantaba ir a una cafetería y pedir un té (una costumbre popular en Turquía), y observar a la gente conversando. Sin embargo, muchas veces en la ciudad donde vivo, a las personas oriundas de allí le da miedo cuando ven el número creciente de inmigrantes que no hablan inglés y tienen costumbres diferentes a las suyas. ¿Por qué a los seres humanos nos da miedo relacionarnos con personas diferentes a nosotros? La historia de la torre de Babel, en el libro de Génesis, ayuda a explicar el porqué hay tantas culturas e idiomas en el mundo.

Las culturas diferentes son tan interesantes y tan bonitas, sin embargo nos da miedo lo desconocido y nos parece extraño. Lo que parece raro para nosotros, tiene sentido para el otro grupo y, es perfectamente normal y sano desde su punto de vista. Lo que no entendemos a veces nos da pánico. A continuación, te comparto una anécdota que contó el Dr. Justo González sobre las diferencias culturales.

Una vez una iglesia, de personas mayormente anglosajonas, en los Estados Unidos, comenzó un ministerio con personas de habla hispana en su templo. Al principio, la convivencia entre los dos grupos andaba bien, al igual que la coordinación del uso de las instalaciones del edificio a diferentes horarios. Sin embargo, con el tiempo surgió un malentendido. Cuando los hispanos iban al baño no querían tapar el inodoro con el papel higiénico, entonces dejaban el papel higiénico en el piso —a un lado del inodoro. Cuando los anglosajones iban al baño y veían un poco de papel en el piso, pensaban que los hispanos no eran gente limpia, ¡porque tiraban el papel al piso!

Cada grupo tenía su costumbre y no entendían la costumbre del otro. ¡Todo el tiempo los hispanos creían que los anglos no eran gente limpia, porque no tenían un cesto para la basura en el baño! Ningún grupo tenía la culpa, pues ambos grupos actuaban según su cultura. Fue hasta que llegó un intérprete, quien sirvió de mediador entre ambos grupos, que ambos grupos reconocieron su malentendido, se pidieron perdón y llegaron al acuerdo de comprar cestos de basura y colocarlos al lado del inodoro.

La historia de la torre de Babel nos ayuda a entender por qué hay tantas culturas e idiomas por todo el mundo. Las culturas e idiomas son creación de Dios, ¡y son bonitas! Lo que es pecado es la separación de las culturas, el tener prejuicio contra una persona y no se dé la oportunidad de conocerla, solamente porque habla un idioma distinto, o tiene el color de piel diferente.

Enseñanza

Juan Wesley tuvo varios encuentros con personas de diferentes idiomas y culturas. Cuando iba en el barco hacia la colonia de Georgia conoció a los moravos, que hablaban alemán. Para poder conversar con ellos, Wesley les hablaba en latín. Luego al llegar a la colonia de Georgia se encontró con líderes de las tribus Chickasaw y Choctow. También en su parroquia habían italianos, franceses y judios procedentes de España. Wesley hizo un esfuerzo para aprender estos idiomas con el propósito de ofrecerles servicios de adoración en sus respectivos idiomas. En cuanto a su interpretación del pasaje de la torre de Babel, Wesley escribió lo siguiente: «Todos nosotros sufrimos hasta hoy: todas las inconveniencias que padecemos por causa de la diversidad de idiomas, y por todo el trabajo que nos cuesta aprender todos los idiomas que podamos, como pago de la rebelión de nuestros ancestros en Babel; y por esas controversias infelices, que son malentendidos que surgen por no entender el idioma del otro, debido a esta confusión de lenguas»[15].

El pecado del ser humano es querer tomar el lugar de Dios. En otras palabras, el ser humano quería ser como Dios. Cuando el pueblo de Dios, en Sinar, quisieron construir la torre hasta el cielo, otra vez quería ser como Dios. Sin embargo, Dios es Dios, y nosotros somos seres humanos. Uno de los pecados más peligrosos es el orgullo o la prepotencia. Tenemos la

15 Comentarios de Wesley sobre Génesis 11, Wesley's Explanatory Notes, http://wesley.nnu.edu/john-wesley/john-wesleys-notes-on-the-bible/notes-on-the-first-book-of-moses-called-genesis/#-Chapter%2BXI [Fragmento traducido por el autor.]

tendencia de creer que no necesitamos a Dios, o que podemos solos. Por eso, Dios vio necesario confundir el idioma de la gente de Sinar y repartirlos por toda la tierra.

Preguntas para reflexionar y discutir

1. En el pasaje de la torre de Babel, ¿por qué Dios frustró los esfuerzos de los seres humanos?

2. ¿En que forma hemos tratado de ser como Dios?

3. ¿Por qué crees que Dios creó tantas culturas e idiomas?

4. ¿Cómo te sientes cuando te encuentras con una persona que luce diferente a ti, o que habla otro idioma?

5. ¿Qué experiencias has tenido con personas de otras culturas? ¿Cuáles son algunos malentendidos que has experimentado al interactuar con personas que son diferentes a ti?

Oración

Señor, perdónanos cuando nos llenamos la cabeza con ínfulas de grandeza y pensamos que podemos hacer todo por nuestra cuenta. Sabemos que creaste al ser humano a tu imagen y semejanza, pero sin ti no somos nada. Ayúdanos a recordar que tú nos creaste, y no nosotros a nosotros mismos. Perdónanos cuando sentimos desconfianza de quienes son diferentes a nosotros. Y perdona a quienes tienen miedo al inmigrante, porque es nuevo en la comunidad, o porque habla otro idioma. Ayúdanos a no juzgar a las personas por su apariencia. Enséñanos a amarlas tal como son. Porque tú creaste todo el mundo y todas las culturas, te pidimos Señor que todos podamos estar unidos como en Pentecostés, cuando el pueblo de Mesopotamia, Capadocia, Ponto, Asia, Frigia, Panfilia, Egipto y África hablaron distintos idiomas, y aun así, se entendieron. En el nombre de Jesús. Amén.

SECCIÓN C: DIOS HACE UN PACTO CON SU PUEBLO

Estudio bíblico #10: El pacto con Abram

Génesis 12.1-3

Versículo clave

Génesis 12.2: «Y haré de ti una nación grande, y te bendeciré, y engrandeceré tu nombre, y serás bendición».

Introducción al tema

Muchas personas hoy en día andan sin rumbo. No saben el porqué están aquí, o como dicen los franceses no tiene La raison d'être (la razon de ser). En una ocasión, cuando era misionero en Cuba, fui invitado a un servicio funeral de un ateo. Fue un comunista que vivió toda su vida sin creer en Dios. El entierro fue el evento más triste que he asistido en toda mi vida. Por cierto, todos los cultos fúnebres son tristes, pero este servicio fue aún más triste. No hubo ni un canto, ni una palabra de aliento, ni un acto de esperanza y terminó muy solemne. Un compañero del trabajo dijo algunas palabras sobre el difunto sin ninguna referencia a Dios, o a la vida eterna, o algo significativo para el difunto, o la esperanza de algo mejor. Fue un servicio muy corto y muy al grano. Así como este señor difunto, muchas personas se levantan, se visten, comen, van a trabajar o a la escuela, regresan a casa y, repiten lo mismo todos los días, sin saber por qué lo hacen. La vida se les convierte en una rutina, se hacen viejos y mueren —todo sin un propósito. Así fue la vida de Abram, hasta que Dios lo llamó para que dejara su tierra e hiciera un pacto con él.

Enseñanza

El llamado de Abram es el momento en la historia de la fe, en el que Dios hace un pacto con él para bendecir a las naciones. Ocurre después de la caída y el diluvio, cuando Dios estaba triste con la humanidad. Sin embargo, hizo un pacto de no destruir la tierra y lo selló con el arcoíris. Dios escogió a Abram para hacer un pacto con él, su familia y sus herederos con el propósito de bendecirlos y también bendecir a las naciones.

Un pacto no es un contrato, sino un compromiso divino de acompañamieto y bendición. Dios, a cambio, le exigió a Abram fidelidad. Abram tuvo que confiar en Dios, dejar su tierra y su parentela e ir a la tierra de Canaán. Dios además, a pesar de la edad avanzada de Abraham y de Sara, les regaló un hijo: Isaac –acto imposible a ojo humano. Para Dios no hay nada imposible y todo tiene un propósito. Abram no sabía que él iba a ser el principio de un largo linaje del pueblo de Israel. La vida de Abram cobró esperanza y propósito en la tierra después de aceptar y confiar en el llamado de Dios. A través de este largo proceso, el pueblo de Israel se convirtió en bendición para las naciones.

Juan Wesley escribió en sus *Explanatory Notes*[16] que esta promesa de Dios fue para Abram:

1. Un gran alivio a su preocupación de no tener un hijo, y

2. Una gran prueba para su fe, porque su esposa era estéril. Entonces, para él creer en esa promesa no podía depender de sus propias fuerzas, sino que su fe tenía que ser edificada puramente en ese poder que "podía sacar niños de las piedras" como herencia de Abraham[17].

Preguntas para reflexionar y discutir

1. ¿Alguna vez has enfrentado una prueba o un desafio? ¿Cómo mantuviste la esperanza?

2. ¿Cuál es el propósito de tu vida? ¿Por qué tú crees que estás en esta tierra?

3. ¿Qué esperas que sea tu legado en la tierra?

4. ¿Cuál crees tú es el ministerio (o los ministerios), que Dios te ha llamado a servir?

5. ¿Cómo puedes hacer para que tu vida cobre propósito como la vida de Abram?

16 *Explanatary Notes* son una colección de las interpretaciones de Wesley sobre pasajes bíblicos.

17 Comentarios de Wesley sobre la promesa de Dios a Abram, *Explanatory Notes*, http://wesley.nnu.edu/john-wesley/john-wesleys-notes-on-the-bible/notes-on-the-first-book-of-moses-called-genesis/#-Chapter%2BXI. [Fragmento traducido por el autor.]

Oración

Dios, te damos gracias por la vida de Abraham y por el pacto que hiciste con tu pueblo. Gracias, Señor, por ofrecernos un pacto para ser tu pueblo. Gracias por la fe de Abraham de mantener la esperanza. Gracias también por Sara, su hijo Isaac y todo el linaje de tu pueblo. Gracias por la oportunidad de considerarme para ser parte de este largo linaje y ser de bendición a las naciones. Te pido, Señor, que me ayudes a discernir cuál es mi propósito en esta tierra, para mantener la esperanza y, así ofrecerte un servicio fiel y ser de bendición a otras personas. En el nombre de Jesucristo te lo pido. Amén.

Estudio bíblico #11: Abram sale de su tierra

Génesis 12.4-8

Versículo clave

Génesis 12.4-5: «Y apareció Jehová a Abram, y le dijo: "A tu descendencia daré esta tierra". Y edificó allí un altar a Jehová, quien le había aparecido».

Introducción al tema

Mi familia y yo nos hemos mudado de casa varias veces. Somos una familia misionera. Mis padres fueron misioneros en Singapur, donde yo nací. Así que a la edad temprana de seis meses, ya viajaba en avión por el mundo, en donde pude ver la Torre Eiffel y las pirámides en Egipto. Cuando terminé la universidad, también sentí el llamado de ser misionero, y serví junto a mi esposa y tres hijos en Nicaragua, Cuba, México y en el valle Río Grande, al sur de Texas. En cada mudanza sentí el llamado y el propósito de Dios en nuestras vidas. Cada lugar tenía una cultura distinta, retos diferentes, pero las bendiciones superaron los desafíos. Yo me identifico con los retos de Abram de dejar a su parentela y su tierra y obedecer el llamado de Dios de ir a una tierra extraña. Es un acto de fe, sin saber lo que Dios tiene preparado para uno. Sin embargo, Dios llamó a Abram y a Sarai para que se multiplicaran, ser bendecidos y ser bendición para las naciones.

Enseñanza

En sus *Explanatory Notes,* Juan Wesley consideró que Dios le habló a Abram en varias maneras hasta que no había duda de que era el Dios de gloria quien lo llamaba. Dios quería probar su fe y obediencia para apartarle para su servicio. Dios quería probar si lo amaba más que a su tierra natal y a sus queridos amigos. Su país natal era idólatra, y su parentela y la casa de sus padres se habían convertido en una tentación para él. Abram no podía quedarse allí sin ser influido por ellos. Él tenía que salir de su tierra con la confianza de que Dios lo iba a llevar a la tierra de Canaán. De igual manera, nosotros estamos tentados a quedarnos donde estamos cómodos o nos sentimos en casa. Sin embargo, probamos nuestra fe cuando confiamos en Dios y salimos a servirle. Da miedo salir de lo familiar y seguro a lo desconocido, pero así probamos nuestra fe y podemos ser de bendición a las naciones.

Preguntas para reflexionar y discutir

1. ¿Alguna vez te has mudado, o has salido de tu casa para vivir en otro lugar? ¿Por qué tuviste que mudarte? ¿Cómo te sentiste? ¿Te dio miedo?

2. ¿Sentiste que Dios estaba contigo en esa mudanza? Comparte tu experiencia.

3. ¿Cómo comparas la historia de Abraham y Sara con tu experiencia?

4. ¿Cómo puedes discernir la voluntad de Dios y escuchar su voz invitándote a confiar en él y servirle?

5. Reflexiona sobre tu experiencia de mudanza, ¿sientes que Dios tuvo algún propósito en ese cambio? ¿Cuál crees fue el propósito de Dios para tu vida a través de esa experiencia?

Oración

"Oración del Pacto de Wesley"[18]
No me pertenezco, soy tuyo.
Ponme donde quieras, asóciame con quien quieras.
Ponme a trabajar, ponme a sufrir.
Sea yo empleado por ti, o desplazado por ti.
Exaltado para ti o rebajado por ti.
Haz que yo esté lleno, haz que esté vacío.
Haz que tenga todo, haz que no tenga nada.
Voluntariamente y de corazón cedo todas las cosas
a Tu placer y disponibilidad.
Y ahora, glorioso y bendito Dios, Padre, Hijo y Espíritu Santo,
Tú eres mío y yo soy Tuyo.
Así sea.
Y que este pacto que yo he hecho aquí en la tierra
sea ratificado en los cielos.
Amén.

18 Lo que generalmente se conoce como la "Oración de Pacto de Wesley" es una oración pietista adaptada por Juan Wesley, el fundador del metodismo, para ser usada en las dedicaciones de las vigilias de oración. Esta oración es a menudo usada, especialmente por los metodistas, para re-consagrar la vida a Dios; https://transformaelmundo.com/2011/05/09/la-oracion-del-pacto-de-wesley/

Estudio bíblico #12: Abram y Sarai en Egipto

Génesis 12.9-11

Versículo clave

Génesis 12.10: «Hubo entonces hambre en la tierra, y descendió Abram a Egipto para morar allá; porque era grande el hambre en la tierra».

Introducción

Mi esposa, nuestros hijos y yo hicimos trabajo misionero en Cuba en una época muy difícil, la cual Fidel Castro catalogó como el "El Período Especial en Tiempos de Paz". Después de tres decadas de acuerdos financieros con los países socialistas del este de Europa, la caída del Muro de Berlín y el colapso de la Unión Soviética significó el fín de los subsidios para Cuba. Cuba recibía petróleo y tenía acuerdos muy favorables con la antigua Unión Soviética, pero en el año 1991, todo esto cambió y comenzó una época de escasez en Cuba. Sin embargo, mi familia y yo nos sentimos llamados a servir y compartir el amor de Cristo en medio de la crisis financiera. Teníamos fe en que Dios nos había llamado para esa misión y no nos iba a abondonar.

Abram también fue llamado por Dios a dejar su tierra e ir a Canaán. Sin embargo, un tiempo después comenzó la escasez en ese lugar y tuvieron que refugiarse en Egipto. Lo bueno es que en medio de la crisis, Dios provee y nunca desampara a sus fieles.

Enseñanza

Juan Wesley escribió en sus *Explanatory Notes* que Dios quiso probar la fidelidad de Abram al llamarlo a salir de la comodidad de su tierra natal y enviarlo a Canaán. Luego, Abram y Sarai enfrentaron otra prueba en ese tiempo de escasez. Mientras había crisis en un lugar, había abundancia en otro[19]. ¡Eso es lo bueno de la provisión de Dios! Cuán sabia es la provisión de Dios, ya que habiendo lugares donde hay escasez, en otros hay abundancia; y como miembros de un gran cuerpo, no podemos decirnos que no nos necesitamos los unos a las otras.

19 Comentarios de Wesley sobre Génesis 12.10, Wesley's *Explanatory Notes*, http://www.biblestudytools.com/commentaries/wesleys-explanatory-notes/genesis/genesis-12.html. (Consultado el 27 de febrero de 2017.) [Fragmento traducido por el autor.]

En el tiempo de Wesley, también muchos emigraron de Inglaterra, Escocia y Irlanda para escapar de las dificultades económicas, al buscar nuevas oportunidades en las colonias británicas—entre ellos los metodistas. La primera sociedad en el continente americano fue en la isla caribeña de Antigua, donde se estableció el abogado Natanael Gilbert. En una visita de regreso a Inglaterra, asistió a una iglesia y fue impactado por un sermón de Juan Wesley. Él se convirtió al cristianismo junto a dos mujeres afrocaribeñas, y regresaron a Antigua en 1759, para comenzar la primera sociedad metodista en América. Un año después, uno de los metodistas convertidos en Irlanda, Philip Embury, su esposa, su prima Barbara Heck y su esposo emigraron a Nueva York, y comenzaron la primera sociedad en Norteamérica. Así como Abraham y Sara, estos pioneros metodistas en América tuvieron fe y llevaron las buenas nuevas a otras tierras.

Preguntas para reflexionar y discutir

1. ¿Alguna vez has viajado fuera del lugar en donde vives? ¿Cómo fue la experiencia del viaje?

2. ¿Llevabas la palabra de Dios en tu corazón?

3. ¿Había nuevos campos de predicación en esos lugares?

4. ¿Qué puede hacer un inmigrante para compartir su fe? ¿Qué ventajas tienen los inmigrantes a la hora de compartir su fe?

Oración

Dios de amor y misericordia, gracias por proveer para Abram y Sarai en medio de la escasez. De igual manera, gracias por los primeros inmigrantes metodistas, quienes compartieron su fe y extendieron el movimiento metodista a nuevas tierras. También te pedimos que protejas y proveas para los refugiados e inmigrantes de hoy en día que se encuentren en situaciones vulnerables. Permite, oh Señor, que también puedan ser de bendición dondequiera que vayan. En el nombre de Jesús. Amén.

Estudio bíblico #13: La prueba de Abraham con Isaac

Génesis 22.1-13

Versículo clave

Génesis 22.12: «Y dijo: "No extiendas tu mano sobre el muchacho, ni le hagas nada; porque ya conozco que temes a Dios, por cuanto no me rehusaste tu hijo, tu único"».

Introducción al tema

¿Cuánto amas a Cristo? ¿Qué estás dispuesto o dispuesta a sacrificar por Cristo? Muchas personas dicen que aman a Jesucristo, pero muchas veces hay algo más importante para ellas que Cristo. ¿Qué podría ser más importante al hecho de que Dios nos dio la vida y es a quien le debemos todo?

Bueno, hay personas que tiene ídolos que ocupan el lugar de Cristo en sus vidas. Una vez una persona adinerada se convirtió al cristianismo en una iglesia y dijo al pastor que quería ser bautizado. Entonces, el pastor lo llevó a un río y le dijo: «Despójate de todo lo que tengas en tus bolsillos». El hombre comenzó a sacar cosas de su bolsillo. Primero sacó las llaves de su carro y las tiró a la orilla del río. Luego sacó una foto de la novia y también la lanzó a la orilla del río. Pero cuando sacó su billetera, solo la alzó arriba de su cabeza y le dijo al pastor: «Sumérjame ahora, pero que no se moje mi billetera». Muchos de nosotros somos como este amigo. De la boca para afuera le decimos a Jesucristo que él es el centro de nuestra vida. Sin embargo, cuando nos ponemos a revisar nuestras prioridades, encontramos que hay algo que ocupa el lugar de Jesucristo en nuestro corazón. En este pasaje, Dios pone a prueba a Abraham para ver si de verdad Dios es el centro de su vida.

Enseñanza

Abraham y Sara no pudieron tener hijos en su juventud. Así que cuando al fín Sara quedó embarazada de Isaac, fue una gran bendición, y seguramente, muy querido por ambos. Dios probó la fidelidad de Abraham y lo instruyó a sacrificar a su hijo Isaac. Siendo fiel, Abraham llevó a Isaac a Moriah. Hizo un altar con leña, pero a última hora Dios envió un ángel que le dijo: «No extiendas tu mano sobre el muchacho, ni le hagas nada; porque ya conozco que temes a Dios, por cuanto no me rehusaste tu hijo».

La prueba de fe que Dios puso para Abraham parece severa en comparación a nuestras costumbres de hoy en día. Sin embargo, Dios quería estar seguro que Abraham le amaba con todo su cuerpo, toda su mente y todo su espíritu.

Juan Wesley fue instruido en la ortodoxia (creencias correctas), de su iglesia madre (Iglesia Anglicana). No obstante, cuando supo que se iba a formar la nueva Iglesia Metodista Episcopal en América del Norte en 1784, tuvo la oportunidad de eliminar aquellos "Artículos de la Religión" que tenían tendencias calvinistas, y los redujo a 24 artículos. Luego la Iglesia Metodista en América del Norte añadió uno más que tenía que ver con el contexto de ser iglesia en los Estados. El primer artículo ni se cambió, ni se editó porque era la base de nuestra fe. Este artículo fue comparado con la fidelidad y obediencia de Abraham. El "Artículo I. –De la fe en la Santísima Trinidad– de la Iglesia Metodista Unida" dice:

«Hay un solo Dios vivo y verdadero, eterno, sin cuerpo ni partes, de infinito poder, sabiduría y bondad; creador y conservador de todas las cosas, así visibles como invisibles. Y en la unidad de esta Deidad hay tres personas, de una misma substancia, poder y eternidad–el Padre, el Hijo, y el Espíritu Santo»[20].

Este artículo afirma que hay un solo Dios vivo y verdadero. A través de Génesis 22.12, aprendemos que Dios es un dios de amor que no quiere sacrificio humano, sino lo mejor para sus hijos (Juan 10.10). Dios nos bendice de gran manera cuando le somos fiel y le entregamos todo lo que somos y poseemos. ¡Qué bonito es cuando confiamos en Dios y ponemos todo en sus manos, sin tener ídolos que tomen su lugar en nuestras vidas!

Preguntas para reflexionar y discutir

1. De la historia de Abraham, ¿qué es lo que más te llama la atención? ¿Por qué?

---

20 "Artículo I. –De la fe en la Santísima Trinidad– de la Iglesia Metodista Unida", *Disciplina de Iglesia Metodista Unida–2016.* Derechos de autor © 2017 por la Casa Metodista Unida de Publicaciones, pág. 66. Usado con permiso.

2. Así como el hombre del ejemplo provisto en la "Introducción del tema" de este estudio bíblico, ¿cuáles son aquellas cosas o seres humanos que pones en primer lugar en tu vida, o has puesto en el pasado?

3. El "Artículo I. de Religión de la Iglesia Metodista Unida" dice que Dios es el creador de todas las cosas visibles e invisibles. En otras palabras, todas las cosas le pertenecen a Dios. ¿Tienes algo en tu vida que piensas que te pertenece pero en realidad pertenece a Dios? Explica.

4. ¿Qué es lo que tienes que dejar en la cruz de Cristo para ser verdaderamente libre y entregar toda tu vida a él?

Oración

Dios vivo y verdadero, te damos gracias por la vida que nos das. Gracias por tu confianza en nosotros. Te pedimos Señor, que podamos rendirte nuestras vidas y todo lo que tenemos. Revélanos aquello que ocupe el lugar que tú debes ocupar, y danos fuerzas para entregárselo a Cristo, y así darte tu lugar. En el nombre de Jesucristo. Amén.

Estudio bíblico #14: La rivalidad entre Esaú y Jacob

Génesis 33.1-4

Versículo clave

Génesis 33.4: «Pero Esaú corrió a su encuentro y le abrazó, y se echó sobre su cuello, y le besó; y lloraron».

Introducción al tema

¿Algunas vez hiciste algo que te avergonzó? ¿Tienes algún pecado oculto que te avergüenza y te hace esconder la cara? Pues, en este pasaje Isaac llamó a su hijo mayor para darle la bendición. En la antigua cultura del Oriente Medio existía la costumbre de que solamente el hijo mayor recibía la bendición del padre. Esaú fue el mayor de los dos gemelos. Sin embargo, Rebeca oyó los planes de Isaac de bendedir a Esaú y ella quería esa bendición para su hijo preferido, Jacob. Entonces Jacob salió a traer la caza y hacer el guisado para robarle la bendición a Esaú. Cuando Esaú descubrió que había sido engañado quiso matar a Jacob. Entonces, Rebeca le advirtió a Jacob que mejor se fuera de allí y, Jacob pasó la mayor parte de su vida corriendo; y Esaú persiguiéndolo hasta este encuentro en Génesis 33.4. Al fin, cuando Esaú y su ejército tenían rodeado a Jacob, Jacob luchó con el ángel toda la noche. Tanto quería ser liberado de su conciencia, que Jacob no soltó al ángel hasta que lo bendijera. Jacob llamó a ese lugar Penuel, porque vio a Dios cara a cara (Génesis 32.30). A raíz de esta experiencia, Dios cambió el nombre de Jacob por Israel, que quiere decir "hombre que lucha con Dios". Al día siguiente los hermanos se enfrentaron, pero en lugar de pelear se reconciliaron cuando Esaú se abrazó al cuello de Israel y los dos lloraron.

¡Dios quiere la reconciliación en nuestras relaciones fragmentadas!

Enseñanza

Este es un pasaje de reconciliación, donde el amor y perdón triunfan sobre el odio. Después de perseguir a Jacob (Israel), por muchos años con un ejercito, Esaú corre hacia Israel, pero en lugar de atacarle, lo abraza y llora. Wesley dice de este pasaje que Dios tiene los corazones de los ser humanos en sus manos y puede cambiarlos cuándo y cómo le plazca, y convertir repentinamente a los enemigos en amigos[21]. ¡Qué grande es el amor de Dios! Quiere decir que no hay nada que podemos hacer que pueda menguar el amor tan grande que Dios tiene por nosotros. Hay personas que no van a la iglesia, porque han hecho algo que no está bien y lo tienen en la consciencia, o piensan que no merecen la gracia de Dios. Pues, ninguno de nosotros somos dignos del amor y la gracia de Dios; es un amor y un perdón inmerecidos.

Preguntas para reflexionar y discutir

1. Al leer la historia de Esaú y Jacob, ¿que imágenes vienen a tu mente?

2. ¿Con cuál personaje te identificas más en el pasaje, con Isaac, o Rebeca, o Esaú o Jacob?

3. ¿Alguna vez has sentido que estás corriendo de Dios? ¿Alguna vez alguien te hizo daño, o tú le hiciste daño a alguien? ¿Hubo reconciliación? Si la hubo, ¿cómo fue el proceso de reconciliación?

4. ¿Qué podemos hacer para acercarnos a Dios y recibir su perdón?

5. ¿Cómo podemos aprender a perdonar como Esaú perdonó a Jacob? Dios nos manda como cristianos a tomar el primer paso de humildad y buscar la reconciliación.

Oración

Dios de amor, Dios de gracia, te damos gracias por tu amor inmerecido dado a través del acto de Jesús en la cruz del calvario. Te pedimos perdón por nuestras faltas. De igual manera perdonamos a quienes nos han ofendido. En el nombre de Jesucristo. Amén.

21 Comentarios de Wesley sobre Génesis 33.4 (1754-1765), *Wesley's Explanatory Notes*, http://www.biblestudytools.com/commentaries/wesleys-explanatory-notes/genesis/genesis-12.html. (Consultado el 27 de febrero de 2017.) [Fragmento traducido por el autor.]

SECCIÓN D: EL PUEBLO DE DIOS EN EGIPTO

Estudio bíblico #15: José y la túnica de diversos colores

Génesis 37.3-4

Versículo clave

Génesis 37.3: «Y amaba Israel a José más que a todos sus hijos, porque lo había tenido en su vejez; y le hizo una túnica de diversos colores».

Introducción al tema

José era el hijo preferido de Jacob (que después fue conocido por Israel), porque le tuvo en su vejez y porque tenía el don especial de interpretar sueños. Para mostrarle su amor, Israel le hizo a José una túnica de diversos colores. Por lo tanto, sus hermanos mayores le tenían envidia. José tuvo dos sueños sobre sus hermanos. En uno, su manojo se levantaba derecho en el campo mientras los manojos de sus hermanos se inclinaban hacía el de él. En el otro sueño, el sol, la luna y once estrellas se inclinaban hacía él. Este sueño representaba a su papá, mamá y once hermanos inclinandos ante él. Naturalmente estos sueños provocaban más celos y la ira de los hermanos contra José. Entonces, los hermanos conspiraron contra José para venderlo como esclavo.

Enseñanza

Juan Wesley escribe en sus *Explanatory Notes* que a pesar de la temprana edad de 17 años, José era muy devoto y piadoso y por eso los hermanos le tenían celos. También Wesley escribió que la túnica de colores representaba los honores que vendrían sobre él más adelante. La túnica representaba la gracia de Dios para darle sostén y apoyo en medio de las tempestades. Como ya veremos en la segunda parte de este libro –"El Nuevo Testamento y la gracia"– los estudios bíblicos se basarán sobre la gracia: tema muy importante en la teología de Juan Wesley.

Todos somos impactados por el pecado original que distorciona nuestra condición original. Sin embargo, la gracia nos da poder para seguir creciendo hacia la santificación. De la misma manera, la gracia de Dios estaba con José, lo que lo ayudó a seguir creciendo en la fe y así enfrentar los problemas que se le presentaban. En la historia de José —como en nuestra propia historia— podemos mirar hacia atrás y ver cómo Dios nos ha permitido crecer en gracia.

Preguntas para reflexionar y discutir

1. ¿Alguna vez has enfrentado un problema o alguna persona que te ha hecho la vida imposible? ¿Cómo enfrentaste o lidiaste con el problema o situación?

2. Cuando estás en medio de una mala racha, ¿cómo sientes la presencia de Dios? Explica.

3. ¿Cuándo y cómo has sentido la gracia de Dios sobre ti, ayudándote a superar los problemas y crecer en la fe? Explica.

4. A veces somos tentados a interpretar las situaciones difíciles como algo que viene de Dios. Sin embargo, Santiago 1.1-13 dice: «Cuando alguno es tentado, no diga que es tentado de parte de Dios; porque Dios no puede ser tentado por el mal, ni él tienta a nadie...». Reflexiona sobre los problemas y las pruebas. ¿Cuál es el papel de Dios en medio de estas circunstancias?

Oración

Dios de gracia, en medio de las dificultades permítenos verte. A veces, humanamente no entendemos por qué ocurren las pruebas y nos encontramos en momentos difíciles, pero confiamos que tú estás en medio obrando para nuestro bien. Abre nuestros ojos espirituales, oh Señor, para sentir tu presencia y saber que tu gracia está a favor nuestro. En el nombre de Jesucristo. Amén.

Estudio bíblico #16: José, el joven

Génesis 37.1-2

Versículo clave

Génesis 37.2: «Esta es la historia de la familia de Jacob: José, siendo de edad de diecisiete años, apacentaba las ovejas con sus hermanos».

Introducción al tema

Pocas veces los autores en la Biblia escriben la edad de los personajes. Cuando la mencionan es porque la edad tiene algo importante o pertinente al mensaje. En este caso el autor menciona que José tenía 17 años. Más adelante, en Génesis 41.46, el autor dice que José tenía 30 años cuando fue presentado delante del Faraón. Esto quiere decir que José era muy joven cuando pasaba por estas pruebas. Es inusual que veamos un protagonista tan joven en el libro de Génesis, que enfatiza las historias de nuestros patriarcas en la fe: Abraham, Isaac y Jacob. ¿Por qué el autor menciona la edad de José? No podemos saber con exactitud, pero sí podemos reconocer el gran ejemplo de José para los jóvenes en nuestras comunidades hoy en día. José enfrentó muchos de los mismos retos que enfrentan hoy nuestros jóvenes: tuvo que emigrar, aprender otro idioma y encontrar su propia identidad. A veces, no tomamos en serio a los jóvenes y no les damos suficiente atención.

En este pasaje, José juega un papel en la historia de Israel. José enfrenta falsas acusaciones, pruebas y grandes responsabilidades. José salva a su familia y a su pueblo por su habilidad de superar las pruebas en Egipto y administrar los granos para la supervivencia del pueblo de Israel. La juventud de José, en este caso, representa la esperanza y la transición a una nueva etapa del pueblo de Israel.

Enseñanza

En su comentario sobre Génesis 37.5, Wesley escribe: «Aunque era muy joven, de diecisiete años, él era piadoso y devoto, y esto lo preparó para los descubrimientos de gracia que tendría en el futuro». En su comentario, Wesley hace incapié en la edad de José y, resalta cómo su vida espiritual le ayudaría a enfrentar los retos que le esperaban en el camino. Más adelante,

Wesley compara la vida de José con la vida de Cristo, quien primero fue humillado para después ser exaltado. Así también es la vida de los jóvenes, y realmente, de todo cristiano/cristiana. Wesley escribe que primero pasamos por «las tribulaciones para entrar en el Reino»[22].

Preguntas para reflexionar y discutir

1. ¿Por qué el autor de este pasaje menciona la edad de José?

2. ¿Qué papel juega José en la salvación del pueblo de Israel durante los siete años de sequía?

3. ¿Cómo la vida espiritual de José le ayudó a enfrentar las tribulaciones?

4. Según Juan Wesley, ¿en qué se asemejan la vida de José con la de Jesucristo? ¿Estás de acuerdo con su comparación? ¿Por qué?

5. ¿Qué podemos aprender de la vida espiritual de José para enfrentar los problemas de nuestra vida?

6. ¿Qué pueden aprender los jóvenes del ejemplo de José?

Oración

Padre nuestro, te damos gracias en cada momento y en cada circunstancia de la vida. Aun en medio de las pruebas, te damos gracias porque sabemos que tú no nos abandonas y estás obrando para bien. Te pedimos especialmente por los jóvenes que enfrentan situaciones difíciles, y te pedimos que tú los acompañes de una manera especial, para que sepan que tú les amas y que les acompañas. En el nombre de Jesús. Amén.

22 Comentarios de Wesley sobre Génesis 37.5, *Wesley's Explanatory Notes,* https://www.biblestudytools.com/commentaries/wesleys-explanatory-notes/genesis/genesis-37.html. [Fragmento traducido por el autor.]

Estudio bíblico #17: José es falsamente acusado

Génesis 39.1-41.36

Versículo clave

Génesis 39.20: «Y tomó su amo a José, y lo puso en la cárcel, donde estaban los presos del rey, y estuvo allí en la cárcel».

Introducción al tema

Después de que José fue vendido como esclavo por sus hermanos, un oficial del Faraón, llamado Potifar, lo compró y le encargó administrar su casa. A José le fue bien hasta que la esposa de Potifar le echó el ojo y le pidió que se acostara con ella, pero él no aceptó. Entonces la mujer tergiversó la historia y le llevó las quejas a Potifar diciendo: «El siervo hebreo que nos trajiste, vino a mí para deshonrarme» (Génesis 39.17). Y Potifar no tuvo otro remedio que mandar a encarcelar a José. Sin embargo, Jehová estaba con él, y estando en la cárcel, José utilizó su don de interpretar sueños. El Faraón se enojó con el copero y el panadero, y los mandó a encarcelar. El capitán de la guardia asignó a José para estar encargado de ellos en la cárcel. El panadero y el copero tuvieron sueños y se los contaron a José para que se los interpretara. A los tres días, la interpretación de José de ambos sueños se cumplió, cuando el Faraón mandó a ahorcar al panadero y a reinstalar al copero a su puesto.

Dos años después, el Faraón tuvo dos sueños, y no hallaba quien se los interpretara. Entonces, el copero recordó, que estando preso, José le había interpretado el sueño correctamente. Entonces, le recomendó al Faraón mandar a llamar a José para que le interpretara los sueños. El Faraón primero soñó con siete vacas gordas y siete vacas flacas; luego soñó con siete espigas llenas y hermosas y siete espigas marchitas y abatidas. Sucede que José interpretó el significado de los sueños: habría siete años de abundantes cosechas, y luego, siete años de hambre. José le aseguró al Faraón de que estos sueños eran revelación de lo que Dios iba a hacer. José le recomendó al Faraón buscar a una persona prudente y sabia para administrar los bienes, de modo que Egipto pudiese sobrevivir durante los siete años de hambre (Génesis 41.25-36).

Enseñanza

En su comentario sobre la historia de José, Juan Wesley se enfoca en la actitud de José. Muy bien José pudo estar enojado y resentido contra los que le hicieron mal –y tendría toda la razón de sentirse así. Y posiblemente lo estaba, pero el relato en Génesis no lo menciona. Wesley hace hincapié en el hecho de que José no tuvo una mala palabra en contra de sus acusadores: «Ve qué representación más modesta de su propio caso. Él no actúa en contra de sus hermanos, quienes lo vendieron, solo dijo: "Fui robado de la tierra de los hebreos. Ni reacciona mal del encarcelamiento de la señora quien fue su perseguidora, y su amo, que fue su juez, solamente defiende humildemente su inocencia»[23]. Por la actitud de José, Wesley llega a una gran conclusión de cómo debemos comportarnos cuando somos falsamente acusados: «Cuando estamos llamados a defendernos, debemos ser cuidadosos de no hablar mal de otros. Contentémonos con probar nuestra inocencia, y no propensos a culpar a otros»[24].

Preguntas para reflexionar y discutir

1. Vamos a repasar la historia bíblica: ¿Por qué José fue encarcelado?

2. ¿Alguna vez has sido falsamente acusado/acusada de algo?

3. ¿Cómo respondió José a la acusación?

4. ¿Cómo José logró salir de la cárcel?

5. ¿Cuál es el consejo de Juan Wesley para quienes son falsamente acusados?

6. El don de José fue el de interpretar sueños, sin embargo afirmó que Dios sería el que diera respuesta propicia a Faraón» (Gen 41:16). ¿Crees tú que Dios se comunica a través de los sueños? ¿Crees en la interpretación de sueños?

Oración

Señor, te pedimos en esta hora por quienes son falsamente acusados. Te pedimos que la verdad sea revelada y que se haga justicia. Te pedimos por todos los que están en proceso de ser juzgados ante un tribunal y se sienten desanimados. Te pedimos que en cada momento sientan tu presencia,

23 John Wesley, *Explanatory Notes, Wesley Works, Vol. XL*, pág. 700. [Fragmento traducido por el autor.]
24 *Ibíd.*

para que sepan que su lucha por defender su caso, y limpiar su imagen no es en vano. Dales sostén y sabiduría y sobre todas las cosas, dales fé. En el nombre de Jesús. Amén.

Estudio bíblico #18: José y la reconciliación con sus hermanos

Génesis 45.1-5

Versículo clave

Génesis 45.1: «No podía ya José contenerse delante de todos los que estaban al lado suyo, y clamó: "Haced salir de mi presencia a todos". Y no quedó nadie con él, al darse a conocer José a sus hermanos».

Introducción al tema

Después que José interpretó bien el sueño del Faraón, este no solo lo liberó de la cárcel, sino que vio su gran fe y sabiduría y lo puso como administrador. José administró el ahorro de los granos y el almacenamiento de la provisión para los siete años de hambre. Cuando llegó el tiempo de escasez, su padre, Israel, envió a los diez hijos mayores —los medio hermanos de José— a buscar comida en Egipto. José los vio, pero ellos no lo reconocieron. De hecho, José les habló a través de un intérprete, y no les hizo saber que él los entendía. José los acusó de ser espías y los mandó a apresar por tres días.

Estando presos, José los escuchó hablando en hebreo que toda esta mala fortuna venía por haber vendido a José como esclavo. Cuando José los escuchó decir que dejaron un hermano menor —Benjamín— en casa, José les dijo que tenían que irlo a traer para comprobar que no eran espías. José mantuvo un hermano preso, y les dijo a los demás que si no regresaban con Benjamín, entonces mandaría a matar al hermano preso. Entonces, José llenó sus sacos de comida y puso el dinero con el que habían pagado por la comida en los sacos, y mandó a los nueve hermanos a traer al hermano menor.

Cuando iban por el camino, abrieron sus sacos y encontraron el dinero. Avergonzados con José, los hermanos llegaron a donde su papá, Israel, y le contaron lo que pasó. Israel no quería dejar a Benjamín ir con ellos a Egipto, pués, ya había perdido a José, y no quería perder a otro hijo. No obstante, los hermanos lo convencieron diciendo que si Benjamín no iba a Egipto con ellos, el administrador (José), iba a matar al hermano que estaba preso. Entonces, todos los nueve hermanos regresaron a Egipto con

Benjamín. Llegando a Egipto, José los vio y no podía contener el llanto. Despidió a sus ayudantes para estar solo con sus hermanos. Lloró tan fuerte que los egipcios que habían salido de la reunión escucharon sus gritos. Al principio, los hermanos no le reconocieron, pero en este encuentro José les habló en hebreo. Dice la Palabra: «Y el les dijo: "Yo soy José vuestro hermano, el que vendisteis para Egipto. Ahora, pues, no os entristezcáis, ni os pese de haberme vendido acá; porque para preservación de vida me envió Dios delante de vosotros"» (Génesis 45.4-5). Por supuesto, José les continuó diciendo que no fueron ellos quien lo mandaron a Egipto, sino que fue Dios con el propósito de la salvación de la familia. José concluyó invitando a su papá, y a toda la familia, a emigrar hacia Egipto —pues, todavía faltaban 5 años más de hambre.

Enseñanza

Wesley enfatiza dos temas importantes en la historia de la reconciliación de José con sus hermanos. En primer lugar, Wesley ve la similitud entre la historia de José y la parábola del hijo pródigo, en Lucas 15.20. En segundo lugar, la historia se trata de la providencia de Dios, al hacer el bien a través del tiempo de pruebas y dificultades. También, Wesley cita otro pasaje bíblico, Oseas 11.8-9: «¿Cómo podré abandonarte, oh Efraín? ¿Te entregaré yo, Israel? ¿Cómo podré yo hacerte como Adma, o ponerte como a Zeboim? Mi corazón se conmueve dentro de mí, se inflama toda mi compasión. No ejecutaré el ardor de mi ira, ni volveré para destruir a Efraín; porque Dios soy, y no hombre, el Santo en medio de ti; y no entraré en la ciudad».

Preguntas para reflexionar y discutir

1. La historia de José y sus hermanos, como la parábola del hijo pródigo, es una historia de perdón y reconciliación. ¿Alguna vez has perdonado a alguien quien te hizo daño? ¿Cómo te sentiste?

2. Antes de perdonar a sus hermanos, José los trató como espías y les hizo regresar a Canaán por su hermano menor, Benjamín. Es como si José estuviera luchando contra el deseo de vengarse de sus hermanos. ¿Alguna vez has luchado contra la venganza? ¿Has tenido fantasías de vengarte de alguien que te ha hecho daño?

3. José fue víctima del tráfico humano e inmigrante que luchó por aprender otro idioma y sobresalir en un país y una cultura diferentes. ¿De

que forma los inmigrantes latinos/hispanos en EE. UU., se podrían identificar con la experiencia de José?

4. Juan Wesley entiende la historia de José como un ejemplo de la provindencia de Dios obrando a través de todas sus pruebas. Ciertamente, cuando José fue vendido por sus hermanos, y encarcelado por Potifar, no parecía que Dios estuviera en el asunto. Sin embargo, todo obró para la salvación de su familia y el pueblo de Israel. ¿Cómo ves la provindecia de Dios obrando en tu vida?

5. ¿Piensas que Dios obra para bien aun en medio de las dificultades?

Oración

Querido Dios, te damos gracias por la historia tan linda de José, y por la forma que tu convertiste una situación dificíl en una bendición. Te damos gracias por la paciencia y la fidelidad de José de esperar en ti. Te pedimos por todas las personas que han sido lastimadas y que sienten la tentación de vengarse. Te pedimos por los inmigrantes, por quienes están aprendiendo otro idioma y por quienes están viviendo lejos de sus familias. ¡Qué puedan sentir tu consolación y esperanza, porque tú eres el Dios de la historia, y confiamos en que tornas todas las cosas para el bien de quienes te aman! Amén.

SECCIÓN E: LA LIBERACIÓN DE LOS ISRAELITAS

Estudio bíblico #19: Moisés "el libertador"

Éxodo 2.1-10

Versículo clave

Éxodo 2.5-6: «Y la hija de Faraón descendió a lavarse al río, y paseándose sus doncellas por la ribera del río, vio ella la arquilla en el carrizal, y envió una criada suya a que la tomase. Y cuando la abrió, vio al niño; y he aquí que el niño lloraba. Y teniendo compasión de él, dijo: "De los niños de los hebreos es éste"».

Introducción al tema

Dios escucha el clamor de su pueblo. ¿Alguna vez te has sentido solo o sola, o que a nadie le importan tus problemas? Cuando somos víctimas de una injusticia podemos sentir que nadie se da cuenta de nuestra situación. Sin embargo, cuando clamamos a Dios, él escucha nuestras súplicas. La Biblia dice que los israelitas estuvieron en Egipto por 430 años (Éxodo 12.40). Durante ese tiempo eran esclavos y, cada vez más, el Faraón hacía más difíciles sus condiciones de vida, pero el pueblo de Dios estaba en clamor (Éxodo 2.23). Al parecer Dios no escuchaba sus clamores, pero respondió en una de las formas más sorprendentes: un niño recién nacido. No fue una respuesta rápida ni inmediata, porque Dios no siempre responde a nuestras oraciones de la forma que queremos. Nosotros, los seres humanos, tendemos a ser impacientes. Dios es Dios, y siempre está actuando, pero no siempre lo notamos, porque nuestro entendimiento es limitado.

Enseñanza

Juan Wesley llegó a la conclusión de que cuando la crueldad del Faraón incrementó al punto de ir al extremo de matar a todos los niños varones de los israelitas, fue precisamente cuando nació el libertador de los judíos[25]. La hija de Leví dio a luz a Moisés en el tiempo que el Faraón dio la orden a las parteras de matar a todos los hijos varones de los israelitas. Como

25 Comentarios de Wesley sobre Éxodo 2.2, *Wesley's Explanatory Notes,* https://www.biblestudytools.com/commentaries/wesleys-explanatory-notes/exodus/exodus-2.html. [Fragmento traducido por el autor.]

todas las mamás, ella quería a su hijo. Por lo tanto, lo escondió para que no lo mataran. Después de tres meses, no lo pudo esconder más, y entonces puso al niño Moisés en una arquilla o canasta sobre el río. La hija del Faraón encontró la canasta y vio al niño cuando fue a lavarse al río. Ella tuvo compasión y le puso el nombre de Moisés, que quiere decir “sacado de las aguas” (Éxodo 2.10), y lo crió como si fuera su hijo. Moisés creció en el palacio y recibió la educación de un príncipe. Aprendió el idioma de los egipcios y pudo haber vivido muy bien como un egipcio. Sin embargo, siendo ya un hombre, vio la vida difícil que llevaban los hebreos como esclavos en Egipto y se solidarizó con su pueblo.

Un día Moisés vio a un egipcio golpeando a un hebreo y sintió tanta furia que mató al egipcio. Entonces, Moisés tuvo que huir a Madián, donde se casó y trabajó como pastor de ovejas hasta un día que Dios lo llamó en el Monte de Horeb, a través de la zarza (arbusto) ardiente. Allí lo llamó a ser el libertador de los hebreos. Pero, Moisés no se creía capaz de asumir esa responsabilidad y respondió a Jehová: «¡Ay, Señor! Nunca he sido hombre de fácil palabra, ni antes, ni desde que tú hablas a tu siervo; porque soy tardo en el habla y torpe de lengua» (Éxodo 4.10). Sin embargo, Jehová le dijo a Moisés que iba darle palabra.

Preguntas para reflexionar y discutir

1. ¿Alguna vez has sido víctima de una injusticia? ¿Qué hiciste? ¿Clamaste a Dios? ¿Cómo manejaste la situación?

2. ¿Cómo reaccionó Moisés al ver a un israelita maltratado? ¿Qué sientes cuando ves una injusticia?

3. ¿Cómo fue que Dios llamó a Moisés?

4. ¿Cuál fue el impedimento físico que usó Moisés como excusa para no responder al llamado de Dios?

5. ¿Cómo crees que Dios ayuda a las personas oprimidas?

6. ¿De qué formas has visto a Dios obrando en medio de las injusticias y respondiendo a las oraciones?

Oración

Dios de amor, Dios de Jesucristo, gracias por escuchar el clamor de tu pueblo. Gracias por estar a favor del humilde, de quien sufre, del desamparado. Permite, oh Señor, que podamos verte obrando en medio nuestro. Permite que podamos serte fiel, ser pacientes y confiar que estás obrando en medio nuestro, aun cuando no lo veamos. Gracias por levantar a un libertador como Moisés para liberar a tu pueblo de la esclavitud y del Faraón. Sigue obrando en nuestros tiempos a favor de los menopreciados por la sociedad. En el nombre de Jesucristo, nuestro Señor y Libertador, lo pedimos. Amén.

Estudio bíblico #20: Moisés y la zarza ardiente

Éxodo 3.1-5

Versículo clave

Éxodo 3.4: «Viendo Jehová que él iba a ver, lo llamó Dios de en medio de la zarza, y dijo: "¡Moisés, Moisés!" Y él respondió: "Heme aquí».

Introducción al tema

Moisés andaba pastoreando los animales en Madián cuando escuchó la voz de Dios llamándole: "¡Moisés, Moisés!" A veces, Dios nos llama en los momentos que menos lo esperamos. Moisés andaba en su rutina cotidiana. Hay personas que piensan que solamente vamos a escuchar a Dios en la iglesia, o cuando estamos leyendo la Biblia, o en alguna actividad religiosa. Sin embargo, Dios llamó a Moisés cuando estaba trabajando y viendo la zarza ardiente, y le dijo: «... quita tu calzado de tus pies, porque el lugar en que tú estás, tierra santa es» (Éxodo 3.5). Ya era un hombre bastante avanzado de edad y a lo mejor pensaba que Dios ya no tenía planes con él. No obstante, Dios escuchó el clamor de los israelitas que estaban afligidos en Egipto, y llamó a Moisés para que fuera ante el Faraón, y le dijera que dejara ir a su pueblo hebreo.

Enseñanza

Juan Wesley dividió la vida de Moisés en tres fases de 40 años: en la corte del Faraón, como pastor de ovejas en Madián y como rey de Jesurún [Israel][26]. La experiencia de la zarza ardiente ocurre al final de la segunda fase, mientras Moisés apacentaba las ovejas, cerca del Monte de Horeb. Allí se le apareció el Ángel de Jehová, en una llama de fuego, en medio de una zarza [arbusto].

Wesley interpretó esta experiencia como una manifestación de la gloria divina. Para Wesley, Moisés nació para ser el libertador de los israelitas, pero no se enteró hasta que llegó a los ochenta años. A veces, lo mismo

26 Comentarios de Juan Wesley sobre el Éxodo 3.1, *Wesley's Explanatory Notes*, https://www.biblestudytools.com/commentaries/wesleys-explanatory-notes/exodus/exodus-3.html. [Fragmento traducido por el autor.]

ocurre hoy en día cuando personas no reciben un llamado de Dios hasta más tarde en sus vidas.

Preguntas para reflexionar y discutir

1. ¿Alguna vez has sentido que Dios te ha llamando para hacer algo? ¿Cómo supiste que era Dios? ¿Qué hiciste?

2. ¿Dónde sientes que Dios habla más: en lugares religiosos o en lugares comunes? ¿En las labores religiosas o en actividades cotidianas?

3. Dios llamó a Moisés, quien huyó de Egipto para regresar a Egipto. ¿Alguna vez has tenido que huir de una situación? ¿Has vuelto al mismo lugar? ¿Qué se siente al regresar a un lugar del pasado?

4. Dios llamó a Moisés para ir a decirle al Faraón que dejara salir a los israelitas de Egipto. Dios prometió que iba a estar con los israelitas, e iba extender su mano contra la mano fuerte del Faraón. Si tu fueras Moisés, ¿aceptarías este mandato con la promesa de Dios?

Oración

Dios te damos gracias por la forma que escogiste y llamaste a Moisés. Te confesamos que a veces no nos sentimos dignos de ser llamados, o no pensamos que podamos ser útiles. Sin embargo, vemos que si llamaste a Moisés, también nos puedes llamar a nosotros, en medio de nuestra vida cotidiana. Te pedimos, Señor que podamos abrir nuestros ojos espirituales, para estar pendiente de todas las formas y lugares en los que tú nos puedas llamar. En el nombre de Jesús. Amén.

Estudio bíblico #21: Moisés y el éxodo

Éxodo 3.7-14

Versículo clave

Éxodo 3.9-10: «El clamor, pues, de los hijos de Israel ha venido delante de mí, y también he visto la opresión con que los egipcios los oprimen. Ven, por tanto, ahora, y te enviaré al Faraón, para que saques de Egipto a mi pueblo, los hijos de Israel».

Introducción al tema

Dios nos ama y está a favor de quienes luchan por la justicia. El pueblo de Israel pasó 430 años en Egipto, en donde el Faraón, cada vez más, incrementaba su crueldad contra ellos. En una ocasión Moisés y Aarón hablaron con el Faraón y le pidieron tres días para celebrar una fiesta a Jehová en el desierto. En lugar de concederles esta petición, más bien respondió con condiciones más crueles diciéndoles: «De aquí en adelante no daréis paja al pueblo para hacer ladrillo, como hasta ahora; vayan ellos y recojan por sí mismos la paja» (Éxodo 5.7). Sin embargo, Dios estaba con su pueblo y escuchó sus clamores. Luego Dios mandó las diez plagas contra los egipcios, y en lugar de estos eventos suavizar el corazón del Faraón, más bien lo endureció. No obstante, Dios no abandonó a los israelitas; estaba con ellos en medio de su dolor. Dios es real y nos acompaña en medio de nuestros sufrimientos.

Enseñanza

La historia relatada en el libro del Éxodo es una historia del compromiso de Dios con su pueblo. Dios llamó a Moisés para ser el libertador de los israelitas, quienes estaban sufriendo la esclavitud en Egipto. Dios le dijo a Moisés y a su hermano, Aarón, que les iba a dar palabra, y a través de su vara iba a mandar las diez plagas, porque el corazón del Faraón estaba endurecido y no quería dejar ir a los israelitas de Egipto (Éxodo 7.14). Entonces, Dios mandó las diez plagas, una tras otra, sobre los egipcios: convirtió el río en sangre, envió ranas, piojos, moscas, murió el ganado, úlceras, granizo, langostas, tinieblas), hasta la décima, cuando Dios ordenó a Moisés celebrar la Pascua. El ángel de la muerte iba a matar al primogénito de todos los egipcios, pero para que esa desgracia no les pasara a los israelitas, tenían que seguir las instrucciones de Moisés (Éxodo 12). Todos los israelitas tenían que escoger un cordero (macho de un año sin defectos), sacrificarlo y pintar los dos postes de su casa con la sangre del cordero para que el ángel de la muerte no tocara las casas de los israelitas. El golpe fue tan fuerte que fallecieron todos los primogénitos egipcios; el hijo del Faraón, inclusive. Entonces, el Faraón llamó a Moisés y Aarón y les dijo que se fueran de Egipto. Pero cuando ya el pueblo de Israel estaba saliendo de Egipto, el Señor endureció el corazón del Faraón, y este los siguió con su ejército. Cuando ya los iba a alcanzar, Moisés alzó la vara y Jehová abrió el mar Rojo, para que los israelitas pasaran al desierto rumbo a la tierra prometida de Canaán.

En su comentario sobre este pasaje, Juan Wesley se enfoca en la frase "te enviaré" (Éxodo 3.10) al escribir lo siguiente: «... Y la misma mano que ahora sacó a un pastor de un desierto, para ser el sembrador de la iglesia judía, después sacó a los pescadores de sus barcos, para ser los plantadores de la iglesia cristiana, para que la excelencia del poder viniera de Dios[27]». Así, Wesley hizo la conexión de la obra de Dios en el Antiguo Testamento con el Nuevo Testamento, y señala la continuidad de la fe judía y la fe cristiana.

Preguntas para reflexionar y discutir

1. ¿Cómo se relacionan el Antiguo Testamento con el Nuevo Testamento?

2. ¿Cómo fue que Dios llamó a Moisés para ser el libertador de los israelitas?

3. ¿Ves tú semajanzas entre la figura de Moisés en el Antiguo Testamento, y la persona de Jesús en el Nuevo Testamento? ¿Por qué? ¿Por qué no?

4. Dios estaba consciente del sufrimiento de su pueblo, y escuchó su clamor. Hoy también existe mucho maltrato hacia el pueblo hispano/latino en EE. UU., que enfrenta discriminación y racismo. ¿Cómo podemos ser instrumentos de la gracia, compasión y justicia de Dios en nuestro medio?

5. ¿Cuál ha sido una experiencia de injusticia en tu vida? ¿Cómo experimentaste la ayuda de nuestro Señor?

---

27 Comentarios de Juan Wesley sobre el Éxodo 3.10, *Wesley's Explanatory Notes,* https://www.biblestudytools.com/commentaries/wesleys-explanatory-notes/exodus/exodus-3.html. [Fragmento traducido por el autor.]

Oración

Dios, escucha nuestro clamor, tal como escuchaste a los israelitas. Sabemos que tú eres un Dios fiel y que acompañas a tu pueblo, aun en medio del dolor. Así como levantaste a Moisés para liberar a tu pueblo, hoy también estás escuchando el clamor de los inmigrantes, quienes son oprimidos, y estás dispuesto a obrar a su favor. Escucha nuestro clamor. En el nombre de Jesucristo. Amén.

Estudio bíblico #22: Moisés y el becerro de oro

Éxodo 32.1-14

Versículo clave

Éxodo 32.14: «Entonces Jehová se arrepintió del mal que dijo que había de hacer a su pueblo».

Introducción al tema

Después de escapar de la esclavitud de Egipto y pasar por el mar Rojo, el pueblo de Dios comenzó a pasar hambre en el desierto y a murmurar contra Moisés: «¡Ojalá nos hubiéramos muerto en Egipto, o en este desierto! ¿Para qué nos trajo Dios a este territorio? ¿Sólo para que nos maten a todos, y se lleven como esclavos a nuestras mujeres e hijos? ¡Mejor regresemos a Egipto!» (Números 14.1). En medio de estos cuarenta años en el desierto, Moisés subió al Monte de Sinaí para hablar con Dios. Mientras tanto el pueblo estaba desesperado y le dijeron a Aarón: «Levántate, haznos dioses que vayan delante de nosotros; porque a este Moisés, el varón que nos sacó de la tierra de Egipto, no sabemos qué le haya acontecido» (Éxodo 32.1). Entonces, el pueblo comenzó a tomar los zarcillos de oro que trajeron de Egipto y a fundir el oro para hacer un becerro de oro para adorarlo. Durante la estancia en Egipto, los israelitas habían aprendido la idolatría. Así que cuando su fe comenzó a flaquear volvieron a esas malas costumbres. Mientras el pueblo estaba adorando a dioses falsos y ofreciendo sacrificios, Dios estaba viendo todo y se enfureció con el pueblo. Moisés estaba arriba del Monte de Sinaí y oró a Dios pidiéndole: «Oh Jehová, ¿por qué se encenderá tu furor contra tu pueblo, que tú sacaste de la tierra de Egipto con gran poder y con mano fuerte?».

Enseñanza

A través de la reflexión de este pasaje, Juan Wesley nos recuerda que no debemos adorar algo hecho por manos humanas. Wesley no tenía nada en contra de la Iglesia Católica Romana pero hacía referencia a los "papistas" que a veces adoraban objetos que representan a Dios en lugar de adorar al Dios verdadero. Veamos cómo Dios se refiere a su pueblo. En Éxodo 32.9, Jehová dice a Moisés: «Yo he visto a este pueblo, que por cierto es pueblo de dura cerviz». Wesley interpretó la referencia a los israelitas como "dura cerviz" de la siguiente manera: «Es un pueblo rígido: no está dispuesto a someterse al yugo de la ley divina, es reacio a todo lo bueno y propenso al mal, se muestra obstinado con los métodos de curación [28]». En otras palabras, aunque el libro de Éxodo solo se refería a los israelitas en el desierto, realmente es un comentario sobre la naturaleza humana. Al final, Wesley se enfoca en el poder de la oración. Dios estaba enfurecido con su pueblo. Después de todo lo que había hecho para sacarlos de la esclavitud en Egipto, su pueblo era malagradecido e incrédulo. Sin embargo, la plegaria de Moisés tocó el corazón de Dios y se arrepentió de lo que iba a hacerle al pueblo. Wesley enfatiza que cuando oramos con humildad, Dios tiene compasión de nosotros, los pecadores.

Preguntas para reflexionar y discutir

1. Es increíble la corta memoria que tiene el pueblo de Dios, y qué malagradecidos son. ¿Con quién te identificas en esta historia: con Moisés, Dios o los israelitas? ¿Con cuánta frecuencia se te olvida lo que Dios ha hecho por ti?

2. El pasaje bíblico de este estudio se refiere a la idolatría. ¿Tienes alguna experiencia con la idolatría o la adoración de imágenes? ¿Tienes algún testimonio de liberación al respeto?

3. ¿Qué impacto tiene la oración de Moisés en la decisión de Dios? ¿Cuáles son tus experiencias del poder de la oración? Explica.

Oración

Señor, perdónanos nuestra incredulidad. No sabemos por qué nos cuesta tanto trabajo creer en ti y somos impacientes. Ayúdanos a mantener la fe y creer en ti, solo en ti. Danos sabiduría para reconocer que todas las cosas hechas por los seres humanos son imágenes y solamente debemos adorarte a ti. También, danos esa fe que tuvo Moisés para orar y creer en ti. En el nombre de Jesús. Amén.

28 Comentarios de Wesley sobre Éxodo 32.9, Wesley's Explanatory Notes, https://www.biblestudytools.com/commentaries/wesleys-explanatory-notes/exodus/exodus-32.html. [Fragmento traducido por el autor.]

Estudio bíblico #23: El despojo a los egipcios

Éxodo 12.31-36

Versículo clave

Éxodo 12.35-36: «E hicieron los hijos de Israel conforme al mandamiento de Moisés, pidiendo de los egipcios alhajas de plata, y de oro, y vestidos. Y Jehová dio gracia al pueblo delante de los egipcios, y les dieron cuanto pedían; así despojaron a los egipcios».

Introducción al tema

Después de las diez plagas, cuando los israelitas estaban a punto de salir de Egipto, ellos les pidieron a los egipcios muchas cosas de valor para llevar consigo como: "alhajas de plata, y de oro y vestidos". Después de muchos años de esclavitud, cuando el pueblo trabajaba sin nada a cambio, Dios dio gracia a los israelitas ante los egipcios para que pudieran recibir de ellos lo que les pidieran. Esa era la justicia de Dios. También después de 430 años entre los egipcios, el pueblo hebreo adquirió costumbres, creencias, e incluso los esclavos que se escaparon se mezclaron con personas no judías (Éxodo 12.38). Muchas veces, los cristianos hoy en día quieren ser puros y no contaminarse con el mundo. Ha habido muchos movimientos en la historia del cristianismo que se han declarados puros. Sin embargo, la Biblia está llena de ejemplos de cuando el pueblo de Dios tuvo que vivir con fe dentro de las tensiones del mundo. Sería imposible que los israelitas vivieran tanto tiempo en Egipto sin ser influidos por los egipcios, y sin llevar con ellos algo de Egipto. La cuestión es qué decides llevar. Todos los días nosotros, como cristianos, estamos expuestos a tentaciones y dilemas, y tenemos que discernir qué hacer. Pablo dijo en 1ª de Tesalonicenses 5.21: «Examinadlo todo; retened lo bueno».

Enseñanza

Juan Wesley también vivió en una época difícil, y tuvo que elegir los valores cristianos en una cultura y una civilización cada vez más secular de Inglaterra, en el siglo XVIII. No obstante, él no estaba alejado de la realidad de los avances de la civilización. Al contrario, Wesley estaba muy actualizado y leyó los grandes autores de literatura, ciencia, geografía e historia de su época. Wesley apuntó en su diario una lista de las lecturas que él hacía, en el cual reportó haber leído más de 3,000 libros de 1,400 autores. En sus sermones y escritos, Wesley se refería frecuentemente a estos textos, como por ejemplo, a las obras de filósofos como: Platón, Aristóteles y Plotino. También hacía referencia a la literatura clásica al citar a Horacio, Virgilio y Shakespeare, a quien llamaba "nuestro poeta pagano"[29]. A pesar de llamarse *homo unius libri* (hombre de un solo libro, o sea la Biblia) Wesley fue un ratón de biblioteca, que leía constantemente, ¡hasta a caballo mientras viajaba! En referencia al libro de Éxodo 12.35-36, Wesley escribió en su comentario que los israelitas fueron "enriquecidos con las riquezas de los egipcios"[30]. El gran teólogo metodista ya fallecido, Albert Outler, se refirió a esta práctica de sustraer lo mejor de la civilización como "despojar a los egipcios"[31]. En otras palabras, los seguidores de Wesley deben leer mucho y sacar lo mejor de la lectura para ser usado en la vida cristiana.

Preguntas para reflexionar y discutir

1. Mientras los israelitas estaban trabajando como esclavos en Egipto no recibieron pago por sus labores, sin embargo, el pasaje bíblico 12.35-36 relata que ellos pidieron joyas a los egipcios, y Dios les dio gracia para que los egipcios les concedieran lo que les pidieran. ¿Crees que es justo que los israelitas llevaran algo de los egipcios?

2. Cuando los cristianos están inmersos en una cultura o una civilización ajena por tanto tiempo, es normal que adopten algo de ese lugar. Pablo escribió en 1ª a los Tesalonicenses 5.21, que debemos examinarlo todo y retener lo bueno. ¿Cómo podemos discernir lo que es bueno? ¿Cuál será nuestro criterio?

3. Juan Wesley decía que era *homo unius libri* (hombre de un solo libro), sin embargo, era una persona que leía todo tipo de literatura —cristiana y no cristiana. También exhortaba a sus predicadores y seguidores a leer mucho. ¿Te gusta leer? ¿Cómo la lectura puede alimentar tu crecimiento espiritual?

---

29 Carta al alcalde de Newcastle en el Tyne, 26 de octubre de 1745, *The Letters of John Wesley* (Epworth Press, 1931), pág. 52.

30 Comentarios de Wesley sobre Éxodo, Wesley's Explanatory Notes, https://www.biblestudytools.com/commentaries/wesleys-explanatory-notes/genesis/genesis-12.html. [Fragmento traducido por el autor.]

31 Albert Outler, *Teología en el espíritu wesleyano* (Abingdon Press, 2006), pág. 15.

4. ¿En que momento del día en tu vida cotidiana puedes encontrar la privacidad y el espacio para leer?

Oración

Señor, tú nos creaste a tu imagen y semejanza, y nos diste sabiduría para escoger entre el bien y el mal. Danos esa sabiduría de lo alto para poder discernir qué viene de ti. En las palabras del apóstol Pablo, permítenos "examinarlo todo y retener lo bueno". En tu nombre lo pedimos. ¡Amén!

Estudio bíblico #24: Rahab y los dos espías

Josué 2.1-9

Versículo clave

Josué 2.9: «Sé que Jehová os ha dado esta tierra; porque el temor de vosotros ha caído sobre nosotros, y todos los moradores del país ya han desmayado por causa de vosotros».

Introducción al tema

Después del fallecimiento de Moisés, Josué asumió el liderazgo del pueblo de Dios (Josué 1.2), y envió a dos espías a Jericó. Cuando llegaron allá una ramera, llamada Rahab, los escondió y les dijo: «Sé que Jehová os ha dado esta tierra…». A pesar del peligro, Rahab retó a su propio rey de Jericó y decidió ser leal a Jehová. Después, Rahab pidió a los espías que se acordaran de su familia (Josué 2.12-13). Y por cierto, los espías le prometieron que les iban a proteger, y para estar seguros dónde vivían, le pidieron que amarrara un cordón de grama en la ventana de su casa. Los espías regresaron a donde Josué, y le contaron todo. Entonces, cuando los israelitas tomaron a Jericó y estaban a punto de sonar las trompetas para que los muros cayeran, Josué se acordó de su promesa a Rahab y la sacaron junto a su familia de la ciudad: «Y los espías entraron y sacaron a Rahab, a su padre, a su madre, a sus hermanos y todo lo que era suyo; y también sacaron a toda su parentela, y los pusieron fuera del campamento de Israel» (Josué 6.23).

Es notable que no solamente los espías mantuvieron su palabra de proteger a Rahab, sino que ella llegó a formar parte del linaje de Jesús (Mateo 1.5).

Enseñanza

Juan Wesley hizo el comentario que Israel solo tenía el apoyo de una sola persona en Jericó, y Dios dirigió a los espías directamente a ella. Wesley afirmó en su reflexión sobre las personas que reconocen a Dios, que serían guiadas por Dios. También Wesley llamó al gesto de Rahab "un gran y generoso acto de fe", y citó el versículo de Hebreos 11.31 donde dice: «Por su fe Rahab la ramera no pereció juntamente con los desobedientes, habiendo recibido a los espías en paz». Y así mismo fue que cuando los israelitas dieron siete vueltas alrededor de la ciudad de Jericó, y sonaron las trompetas,

Dios derrumbó las murallas y les entregó la ciudad a los israelitas. Rahab y sus familiares se salvaron. Wesley dijo que tuvieron que "ser limpiados de sus impurezas del estado gentil, instruidos en el judaísmo y ser admitidos solemnemente en la iglesia".

Preguntas para reflexionar y discutir

1. Rahab no era una mujer judía, ni mucho menos una persona limpia de pecado. Sin embargo, Dios la usó para proteger a los espías judíos. ¿Crees que Dios puede usar a personas no creyentes? ¿Por qué?

2. Dice la Biblia que Rahab les dijo a los espías: «Sé que Jehová os ha dado esta tierra...». A pesar de no ser judía, Rahab tenía discernimiento y percibió que Dios y los israelitas iban a vencer a su rey. ¿Cómo Rahab tenía ese don de discernimiento? ¿Cómo disciernes si algo es de Dios? ¿Cómo lo sientes?

3. Al proteger a los espías Rahab puso su vida en peligro. Su decisión de esconder a los dos espías fue una traición al rey. Sin embargo, sintió que Jehová era más fuerte que su rey. Hoy en día este acto se llama la desobediencia civil. No está bien desobedecer la ley solo por nuestra conveniencia personal, pero si creemos que una ley es injusta o contraria a nuestros principios, la Biblia nos enseña algunos ejemplos de la desobediencia civil. ¿Está bien desobedecer una ley injusta? ¿Por qué?

4. Si todo el mundo comienza a desobedecer las leyes que no les parecen bien, la sociedad se convierte en caos. ¿Cuáles son algunas circunstancias cuando está bien desobedecer una ley?

Oración

Señor, te damos gracias por el testimonio de Rahab. A pesar de no ser judía ella fue capaz de desobedecer a su rey y de proteger a los espías israelitas. Gracias a ella los israelitas pudieron conquistar a la tierra prometida de Canaán. Te pedimos, Señor, que nos des esa misma fe y discernimiento para saber cuando estás de nuestro lado y debemos oponernos a las fuerzas contrarias a ti. Amén.

Estudio bíblico #25: ¿Qué significan estas piedras?

Josué 4.1-6

Versículo clave

Josué 4.6: «… para que esto sea señal entre vosotros; y cuando vuestros hijos preguntaren a sus padres mañana, diciendo: ¿Qué significan estas piedras?».

Introducción al tema

Después de 40 años en el desierto, el pueblo de Israel cruzó el río Jordán y entró en la tierra prometida. Doce sacerdotes —cada uno representando su tribu— cargaban el arca del pacto y pisaron en seco al cruzar el río. El arca del pacto contenía las tablas con los diez mandamientos. Dios mandó a cada hombre tomar una piedra sobre su hombro para hacer un altar a Dios en el Jordán, con el propósito de que recordaran lo que Dios había hecho para salvar al pueblo de Israel. El número es muy significativo en la Biblia. El pasaje hace hincapié en los doce sacerdotes y las doce piedras representando las doce tribus de Jehová. Por supuesto, en el Nuevo Testamento, Jesús escoge a doce discípulos. Hay un total de 187 referencias al número 12 en la Biblia. Las doce piedras en este pasaje son usadas para un altar como un recordatorio de lo que Dios había hecho. La pregunta "¿Que significan estas piedras?" forma parte del festival judío *pesach* (la Pascua) –que celebra el éxodo de la esclavitud en Egipto. En la tradición judía, un niño hace esta pregunta, y un anciano responde y explica la historia del éxodo.

Enseñanza

Los pies de los sacerdotes solo pisaron tierra seca, y luego de cruzar las aguas del Jordán estas volvieron a su lugar (Josué 4.18). Este versículo nos recuerda mucho la historia del mar Rojo. Al cruzar los israelitas acamparon en Gilgal —el lugar del altar, al este de Jericó. Juan Wesley entendió el significado del altar de las doce piedras como un "monumento o memorial de un día de trabajo"[32]. Fue un monumento muy importante para recordar lo que Dios había hecho para liberar a su pueblo. Y cuando los niños preguntan el significado de estas piedras, la Biblia dice que hay que responderles: «…

32 Comentarios de Juan Wesley sobre el libro de Joshua 4:6, *Wesley's Explanatory Notes,* https://www.biblestudytools.com/commentaries/wesleys-explanatory-notes/joshua/joshua-4.html. [Fragmento traducido por el autor.]

Israel pasó en seco por este Jordán» (Josué 4.22). También hay que explicarles: «... que la mano de Jehová es poderosa...» (Josué 4.24).

Preguntas para reflexionar y discutir

1. Cuando salieron los israelitas de la esclavitud en Egipto, y estaban en el desierto, se les olvidó rápido lo que Dios había hecho por ellos y construyeron el becerro de oro para adorarle. Al cruzar el río Jordán, Dios no quiso que el pueblo se olvidara de este acto. Entonces, mandó a Josué a construir un monumento. ¿Por qué crees que nosotros somos propensos a olvidar lo que Dios ha hecho por nosotros?

2. Tal como Dios abrió el mar Rojo, Dios no permitió que los doce sacerdotes, quienes cargaban el arca del pacto, se mojaran los pies. Al pasar el río, las aguas volvieron a su curso normal. ¿Cuándo has visto en tu vida que Dios aparta las aguas o te abre un camino? Relata un testimonio o una experiencia personal en tu camino de fe.

3. El pasaje de Josué 4.21 relata sobre la pregunta que harán los hijos a sus padres: «¿Qué significan estas piedras?». ¿Cuáles son las historias, las experiencias o los valores que debemos heredar a nuestros hijos e hijas hoy en día? ¿Qué es lo que debemos transmitir a nuestros hijos de nuestro camino de fe?

Oración

Dios te damos gracias por todo lo que has hecho por nosotros. Gracias por acompañarnos y liberarnos de la esclavitud y la travesía por el desierto. Permite, oh Señor, que siempre podamos ser agradecidos. Danos una conciencia para recordar lo que has hecho por nosotros, y permítenos transmitirlo a nuestros descendientes. En el nombre de Jesús. Amén.

SEGUNDA PARTE: El Nuevo Testamento y la gracia

INTRODUCCIÓN

Esta segunda parte se enfoca mucho más en la vía de la salvación de Juan Wesley. Por ende, los pasajes bíblicos están basados en el Nuevo Testamento. Wesley predicaba más sobre los pasajes del Nuevo Testamento que de los del Antiguo Testamento. Esta segunda parte tiene 27 clases que están divididas en cuatro secciones: La gracia de Dios; La vía de salvación; Los medios de gracia, y Los propósitos de la vida cristiana. Cada una de estas cuatro secciones se puede estudiar independientemente de las otras o puede seguirlas en orden. Yo recomiendo seguir el orden, porque cada clase está contemplada para seguir sobre la base de la anterior. Estos temas son muy importantes para el discipulado y la enseñanza wesleyana, pues, la gracia es un tema central para la doctrina wesleyana. Por ejemplo, la vía de la de salvación, según Juan Wesley, comienza con la gracia preveniente, seguida por la gracia convincente, luego la gracia justificadora, que nos lleva a la gracia santificadora, que apunta hacia la meta de la perfección cristiana y la glorificación. Todo este proceso es posible por la gracia de Dios a través de Jesucristo.

Un enfoque importante en la enseñanza wesleyana es que Dios hace el primer movimiento a nosotros, los seres humanos. El nos amó primero y envió a su hijo Jesucristo, como Dios encarnado, para mostrarnos su amor. Esto quiere decir que Dios nos buscó primero; que no hay ningún impedimento para acercarnos a él, solo los que nosotros inventemos.

Una vez que la gracia preveniente y la gracia convincente nos despiertan nuestros sentidos espirituales, nos damos cuenta de que estamos en pecado y que la gracia de Dios es lo único que nos puede salvar. Entonces, entramos en la vía de la salvación a través de la justificación por la fe y el nuevo nacimiento, que ocurren simultáneamente, como un regalo de Dios: nos perdona y nos libera del poder del pecado y de la culpa del pecado; nos da vida nueva en Cristo Jesús, y comenzamos a vivir los frutos de la salvación en la vida presente. La vía de la salvación es un proceso de santificación, el cual elimina las cosas que no le agradan a Dios de nuestra persona. Algunas personas creen que la salvación solo comienza después de la muerte, pero en su sermón "El camino de la salvación según las Escrituras", Wesley clarifica como él entiende la salvación:

«Primeramente preguntemos: ¿Que es la salvación? La salvación de la cual aquí se habla no es lo que frequentemente se entiende por esta palabra: ir al cielo, la felicidad eterna. No es que el alma vaya al paraíso, denominado "el seno de Abraham" por nuestro Señor. No se trata de una bendición que se halla al otro lado de la muerte o, como decimos comúnmente, en el otro mundo. Las mismas palabras del texto lo expresa de modo incuestionable: "Sois salvos" [Ef. 2.8]. No se trata de algo a distancia: es algo presente, una bendición de lo cual, mediante la misericordia gratuita de Dios, estás en posesión ahora[33]».

La doctrina de Wesley que más causó confusión y polémica fue la de la perfección cristiana. Por un lado, algunas personas creían que después de la caída de Adán sencillamente los seres humanos no podían recuperar la imagen original que Dios quiso para nosotros. Por el otro lado, algunos seguidores creían que la santificación era simultánea y entera. En otras palabras, era posible un acto de Dios, a veces llamado el bautismo del Espíritu Santo, que un creyente fuera completamente santificado. Wesley decía que sí es posible, y debemos orar y esperar la santificación de Dios, pero lo más probable era que iba a ocurrir gradualmente.

Por lo tanto, Wesley señaló varios medios o disciplinas espirituales para seguir este camino en el presente. Por supuesto, Dios es soberano y puede obrar de la manera que él quiera, pero a través de la Biblia y la historia de la iglesia Dios estableció ciertas ordenanzas para sus seguidores. Los medios de gracia según Juan Wesley son: leer la palabra de Dios (o escuchar una predicación sobre la Biblia), orar, ayunar, participar en la Santa Cena y el compañerismo cristiano, o sea, convivir con otros cristianos. Estos son los medios que Dios estableció como canales para recibir su gracia. Todos son instituidos por Jesucristo, y él los instituyó y los enseñó a los discípulos. Todas estas enseñanzas están elaboradas en esta segunda parte junto las enseñanzas de Wesley y su base bíblica.

33 "Sermón 43: El camino de la salvación según las Escrituras", *Obras de Wesley; Tomo III, Sermones*, Justo González, editor general (Franklin, TN: Providence House Publishers, 1998), pág. 90.

SECCIÓN F. LA GRACIA DE DIOS

Estudio bíblico #26: La gracia preveniente, 1ª parte

Romanos 8.33-35

Versículo clave
Romanos 8.35: «¿Quien nos separará del amor de Cristo? ¿Tribulación, o angustia, o persecución, o hambre, o desnudez, o peligro, o espada?».

Introducción al tema
Cuando fuimos misioneros en Cuba, vivimos en un pueblo que se llama Santa Fe. Allí conocí e hice amistad con un amigo que se llama Antwan. Comencé a conversar con él de varios temas, y un día le pregunté por qué no iba a la iglesia. Antwan respondió que no se sentía digno de ir a la iglesia, porque imaginaba que Dios no lo podría perdonar. Antwan se había divorciado de su primera esposa, con quien tenía una hija, y convivía con otra mujer.

Hay muchas personas que no entienden que Jesucristo no vino por los justos, sino por los pecadores. Él no nos pide requisitos. Dios tomó la iniciativa al enviar a su hijo y nos ofrece su gracia. Juan 3.16 dice: «Porque de tal manera amó Dios al mundo, que ha dado a su Hijo unigénito, para todo aquel que en él cree, no se pierda, mas tenga vida eterna». Yo estimaba a mi amigo Antwan, y admiraba su sinceridad. Pues, él tenía un gran sentido de culpabilidad y de vergüenza ante de Dios. Él tenía la idea de que tenemos que portarnos bien para que Dios nos ame y nos acepte. Su pecado le estaba separando del amor de Dios. Sin embargo, el apóstol Pablo pregunta en su carta a los romanos: «¿Quién nos separará del amor de Dios?» (Romanos 8.35). Luego Pablo contesta su pregunta en los versículos 38 y 39: «... ninguna cosa creada nos podrá separar del amor de Dios». Aunque valoré la sinceridad de Antwan, tuve que decirle que estaba completamente errado en su creencia de que su pecado le había separado del amor de Dios.

Enseñanza

La gracia preveniente es el amor inmerecido que Dios nos ofrece antes de nosotros conocerle. Esta gracia está disponible y se extiende a todo ser humano; sin excepción de personas. En el tiempo de Wesley, había una contienda muy polémica con la doctrina de la predestinación, la cual decía que Jesucristo solamente vino por los escogidos. Sin embargo, Wesley rompió con esa doctrina falsa y dijo que la gracia es universal: para todos. Todos estamos invitados a tener una relación con Jesucristo.

Juan Wesley escribió en su sermón "La salvación por la fe", que no podemos ganar la gracia de Dios: «Todas las bendiciones que Dios le ha conferido al ser humano vienen únicamente de su gracia, liberalidad y favor. Vienen de su favor inmerecido, totalmente inmerecido, puesto que no tenemos derecho alguno a la más mínima de sus misericordias»[34].

Cuando invitamos a alguien a tener una relación con Jesucristo, tenemos que recordar que todos somos pecadores y nadie es perfecto —solo Jesucristo. Dios tomó la iniciativa de enviar a su hijo primero como señal de su gran amor por nosotros. Claro que no lo merecíamos, pero por eso se llama gracia. Así que todos estamos invitados a buscar la salvación a través de Jesucristo. Seguí invitando a mi amigo Antwan a la iglesia. Le dije que no tuviera pena por su situación, porque el amor de Dios es más grande que cualquier cosa que nos puede separar del amor de Dios. Pues, la gracia de Dios es grande.

Preguntas para reflexionar y discutir

1. ¿Qué te puede estar separando del amor de Dios? ¿Sientes culpa por algo de tu pasado?

2. ¿Conoces a alguien más que se siente como Antwan? ¿Por qué crees que Dios envió a su Hijo, aquí a la tierra?

3. ¿Por qué nosotros somos tan incrédulos en cuanto a las promesas de Dios?

4. ¿Conoces a alguien que ha recibido la misericordia de Dios? ¿Cómo se sintió al recibir la aceptación del Señor?

---

34 "Sermón 1: La salvación por la fe", *Obras de Wesley; Tomo I, Sermones,* Justo González, editor general (Franklin, TN: Providence House Publishers, 1998), pág. 25.

5. ¿Cómo podemos hacer para anunciar este mensaje de buenas nuevas a nuestros amigos, familiares y compañeros de trabajo?

Oración

Nuestro Padre Dios, que estás en los cielos, gracias por enviar a tu hijo Jesucristo aquí a la tierra para mostrarnos tu amor. Sabemos que no lo merecíamos, sin embargo, tú tomaste la iniciativa de buscarnos. Cuando no nos sintamos dignos de tu amor, ayúdanos a recordar que no hay nada que nos pueda separar de tu amor. Amén.

Estudio bíblico #27: La gracia preveniente, 2ª parte

1ª de Juan 4.16-19

Versículo clave

1ª Juan 4.19: «Nosotros le amamos a él, porque él nos amó primero».

Introducción al tema

Cuando se descubrió oro en el oeste de los Estados Unidos de Norteamérica en el año 1849, muchos oportunistas fueron para allá con el fin de hacerse ricos. Los pueblos del occidente se gobernaban con la ley de la jungla "sálvese el que pueda", o más bien, no se gobernaban. Prácticamente no hubo ley. Por ejemplo, el pueblo de Dodge City, Kansas, era famoso por su forma de resolver una disputa entre dos hombres. Los dos hombres se retaban a un duelo, se paraban de espaldas con sus pistolas y caminaban exactamente 100 pasos en rumbo contrario. Cuando ambos se daban la vuelta se disparaban a muerte, y así resolvían las disputas.

En la ley de Dios es todo lo contrario. Dios tiene una disputa con nosotros, y en lugar de alejarse, más bien se acerca a nosotros. Lo increíble es que Dios es quien viene hacia nosotros. Dios nos quiere enfrentar cara a cara. En lugar de enfrentarnos con pistolas, nos enfrenta con la verdad y con el Espíritu Santo, que nos desnuda delante Dios, para vernos tal como somos. No solamente viene sin armas, sino que viene a perdonarnos y ofrecernos la salvación de nuestro pecado.

Enseñanza

Desde el principio, Dios creó al mundo y a los seres humanos con la misión de salvar a su creación. Dios creó a los seres humanos con el propósito de amarnos y salvarnos. Dios tomó la iniciativa de crearnos y amarnos primero. Ese es el principio de la doctrina de la gracia preveniente. A pesar de todo lo que pueda pasar, Dios nos sigue amando y buscando primero. Dios nos busca, aun cuando no lo conocemos. Esto se llama la doctrina de la gracia preveniente.

Como la disputa entre los dos hombres, Dios está frente a frente a nosotros. Pero a diferencia del duelo, Dios no quiere que nos perdamos, sino amarnos y rescatarnos. La creación del mundo, las plantas, los animales, Adán y Eva, Abraham, Noé, Moisés y el éxodo de Egipto, el envío de los profetas —todo lo que Dios ha hecho es para salvar al mundo. Por supuesto, lo más grande es lo que Dios ha hecho por nosotros: enviar a su propio Hijo a rescatarnos.

Algunas iglesias creen en la doctrina de la salvación por las obras. Esta doctrina enseña que tenemos que hacer obras buenas para ganar la salvación de Dios. Hoy en día, está de moda "la teología de la prosperidad", la cual enseña que tenemos que dar algo a Dios para recibir bendición. Pero, Dios es un dios de amor, y ofrece su gracia libremente. Juan Wesley enseñó la salvación por le fe, y si tenemos en cuenta todas las acciones de Dios, vemos que Dios tomó la iniciativa de amarnos primero: nos creó y después de la caída de Adán y Eva, nos trató de rescatar. Si tú estuvieras frente a frente a Dios, ¿quién tomaría el primer paso para buscar la salvación? La respuesta está en toda la historia de la Biblia: Dios dio el primer paso; nos buscó primero. Juan Wesley llamó a ese amor tan grande que Dios nos tiene "la gracia preveniente". En el duelo entre Dios y nosotros, Dios toma la iniciativa de salvarnos.

Preguntas para reflexionar y discutir

1. ¿Alguna vez has tenido un duelo o un conflicto con alguien? ¿Cómo fue resuelto el conflicto?

2. Antes de conocer a Dios, ¿crees que Dios te estaba buscando? ¿Cuáles fueron las señales de que te estaba buscando?

3. ¿De que forma has visto el amor de Dios obrar en tu vida?

4. ¿Qué ejemplos de la Biblia nos relatan la forma en que Dios mostró su amor, y tomó la iniciativa para salvarnos?

Oración

Gracias, Señor, por ese amor tan grande que tienes por nosotros. A pesar de no conocerte, ni vivir bajo tus estatutos, nos seguiste amando. Nos tuviste paciencia. Gracias, porque nos amaste desde que estuvimos en el vientre de nuestra madre, y que no hay nada que nos puede separar de tu amor. Te pedimos perdón, porque hemos sido rebeldes, y no te hemos escuchado cuando nos llamaste por nombre. Pero, te damos gracias por tu paciencia y persistencia. Te pedimos, Señor, que nos des el regalo de la fe, y abras nuestros ojos para verte obrando en nuestras vidas. En el nombre de Jesús. Amén.

Estudio bíblico #28: Despiértate, tú que duermes

Juan 3.5-8

Versículo clave

Juan 3.7: «No te maravilles de que te dije: "Os es necesario nacer de nuevo"».

Introducción al tema

Cuando el feto está en el vientre de su madre, tiene ojos pero no ve; nariz, pero no puede oler. De hecho, no tiene conocimiento del mundo exterior. El feto existe completamente dependiente de su madre, ni siquiera puede escoger su comida, porque todo su alimento le llega por el cordón umbilical. Todos sus movimientos están limitados dentro del vientre y no tiene ninguna libertad. Así somos cuando no conocemos a Cristo, y no hemos nacido de nuevo. Sin embargo, cuando un bebé nace, abre los ojos y puede usar sus cinco sentidos para conocer al mundo. Al abrir los ojos, puede explorar el mundo y ver los diversos colores. Puede saborear la leche materna, y después los diferentes sabores como el dulce, salado, y a veces, hasta el amargo. Puede extender la mano, y usar el tacto para sentir la cara de su mamá y su papá, y experimentar cómo se siente. También tiene libertad de movimientos. Puede patear y gritar e interactuar con el mundo. Así somos cuando nacemos del Espíritu. Es tener una nueva vida en Cristo Jesús.

Enseñanza

En el tiempo de Wesley, hubo muchas personas quienes eran bautizadas en su infancia, pero nunca iban a la iglesia. Sin embargo, ellas creían que eran salvas solo por el hecho de haber sido bautizadas por la iglesia. En el tiempo de Juan Wesley, Inglaterra era un país cristiano. La Iglesia de Inglaterra era la iglesia oficial del país. Las personas eran bautizadas y vivían cerca de una parroquia, de la cual se consideraban miembros. Sin embargo, no tenían mucho compromiso, ni entrega a las cosas de Dios. Wesley en su sermón titualdo "Despiértate, tú que duermes", hizo mayor énfasis en la conversión que en el bautismo. Él enseñó que la conversión es la que salva, no el hecho de ser bautizado. O sea, que antes de nacer de nuevo, nosotros somos como ese feto que está vivo, que no puede abrir los ojos ni tiene libertad. Wesley pensaba que la persona antes de su conversión, estaba en un estado natural, el cual él definió como: insensibilidad, tinieblas, falsa tranquilidad y satisfacción de sí mismos en que se encuentran: el pecador declarado, el que profesa la religión de sus padres o el fariseo ortodoxo que tiene la forma de la santidad, mas niega su eficacia[35]. Wesley también preguntó: «¿Has recibido el Espíritu Santo? Si no lo has recibido, aún no eres cristiano; porque cristiano sólo es el hombre que está ungido del Espíritu Santo y de poder»[36]. Recibir el Espíritu Santo implica nacer de nuevo y poder disfrutar de la vida, ver la luz, los colores y tener la libertad para explorar el mundo.

¿Conoces a alguien que vive como "muerto en vida"? Este tipo de persona todas las mañanas se despierta, se levanta de la cama, va a trabajar, y al otro día hace lo mismo, pero sin ganas. Tal vez, piensa que todo anda bien, pero todos sabemos que tiene que haber algo más en su vida. Esas personas están conformes con llevar la misma rutina y una vida mediocre. Son como el feto, que solo conoce su mundo, dentro del vientre de su madre, ¡pero aún no ha nacido! Muchas veces, cuando compartimos las buenas nuevas con estas personas, ellas responden: «Estoy bien». Sin embargo, Dios tiene mucho más preparado para ellas. Cuando experimentamos el nuevo nacimiento, nos damos cuenta de todo lo que nos estabamos perdiendo. Abrimos nuestros ojos y vemos la luz de Jesucristo. Entonces, es que podemos comenzar a conocer la belleza de Dios y de la vida. Vemos los colores más brillantes, vemos la obra del Espíritu Santo en nuestra vida, y comenzamos a crecer espiritualmente.

Preguntas para reflexionar y discutir

1. ¿Conoces a personas que dicen estar bien y no necesitan nada más en sus vidas? Describe sus vidas.

2. ¿Cómo está tu vida espiritual?

3. ¿Has caído en una rutina? ¿Por qué?

4. ¿Conoces a personas que a pesar de estar bautizadas realmente no viven una vida cristiana? ¿Por qué?

---

35 "Sermón 3: Despiértate, tú que duermes", *Obras de Wesley: Tomo I, Sermones,* Justo González, editor general (Franklin, TN: Providence House Publishers, 1998), págs. 53-72.

36 *Ibíd.,* pág. 61.

5. ¿Cómo podrías invitarlas a tener una experiencia con Jesucristo y de nacer de nuevo?

Oración

Señor Jesús, gracias porque nunca estas conforme con nuestros estados actuales. Gracias por crearnos con la capacidad espiritual de poder conocerte y de recibir al Espíritu Santo. Yo quiero tener una vida plenamente cristiana. Yo quiero vivir la vida preguntando si hay algo más. ¡Ven, Espíritu Santo! Redarguye mi corazón, para que no esté conforme con una vida mediocre. Despiértame de un estado espiritual de muerte a una vida de relación contigo. ¡Amén!

Estudio bíblico #29: La circuncisión del corazón

Romanos 2.28-29

Versículo clave

Romanos 2.29: «... sino que es judío el que lo es en lo interior, y la circuncisión es la del corazón, en espíritu, no en letra; la alabanza del cual no viene de los hombres, sino de Dios».

Introducción al tema

Cuando yo vivía en México muchas veces invitaba a mis amigos a mi iglesia, pero ellos no me aceptaban la invitación porque eran católicos. Luego les preguntaba si iban a la misa, pero respondían que solamente durante la Navidad y la Semana Santa o a un bautismo. Muchas personas de America Latina tienen un trasfondo católico por tradición. Pues, la Iglesia Católica Romana participó junto con los gobiernos de España y Portugal en la colonización del continente americano. Muchas personas de la tradición católica piensan que es suficiente bautizarse para recibir la salvación, e incluso algunos evangélicos creen lo mismo. Algunas iglesias enseñan que el bautismo es un sacramento de la iglesia, que regenera y justifica al individuo del pecado original. En otras palabras, no es necesario tener una experiencia luego del acto de conversión o nacer de nuevo.

En el tiempo de Pablo, había un dilema en la iglesia. Al principio, se suponía que todos los cristianos eran judíos, y al leer las profesías sobre un mesías, y ver las señales de Jesús, concluía que, por cierto, Jesús era la respuesta a las profesías. Así que Pablo y los primeros evangelistas iban a las sinagogas y predicaban a los judíos. Con el tiempo, algunos gentiles (personas no judías), comenzaron a escuchar las maravillas de Jesucristo y querían ser cristianos. Allí estaba el conflicto. Algunos judíos más rígidos decían que para ser cristiano, tenían que ser circuncidados como judíos. Pablo estaba a favor de los gentiles, y por eso escribió en su Carta a los Romanos: «Pues no es judío el que lo es exteriormente, ni es la circuncisión la que se hace exteriormente en la carne; sino, más bien, es judío el que lo es en lo íntimo, y la circuncisión es la del corazón, en espíritu y no en la letra. La alabanza del tal no proviene de los hombres sino de Dios» (Romanos 2.28-29).

Enseñanza

Juan Wesley tenía una situación parecida, ya que la Iglesia de Inglaterra era la oficial de la nación: la gente creía que era suficiente con solo bautizarse. El problema es que la gente creía que el bautismo era una vacuna contra el pecado original, y por eso ya estaban salvos para toda la vida. En lugar de ver el bautismo como el comienzo de una vida con Jesucristo, lo veían como el requisito final para ser salvos. En su sermón "La circuncisión del corazón", Wesley escribe acerca del cambio de corazón necesario para ser un hijo o una hija de Dios. Se compara este cambio a la práctica de la circuncisión, que es el requisito para los niños judíos ser salvos. Este cambio de corazón es la regeneración, o el nacimiento de nuevo, que es el momento en que el Espíritu de Dios da testimonio a nuestro espíritu de que somos hijos e hijas de Dios. Cuando Nicodemo se le acercó a Jesús para preguntarle cómo podía entrar en el reino de Dios, Jesús le respondió: «De cierto, de cierto te digo, que el que no naciere de nuevo, no puede ver el reino de Dios» (Juan 3.10). El bautismo es un sacramento y una señal de obediencia, pero este acto externo no es lo que salva, sino el verdadero cambio interior. Para Wesley, un sacramento era una señal exterior y visible de una gracia interna y espiritual. Así que lo más importante para ser salvo o salva es el cambio interno, o lo que Wesley llamó la circuncisión del corazón.

Preguntas para reflexionar y discutir

1. ¿Qué enseña tu tradición religiosa acerca del significado del bautismo?

2. ¿Cuáles son los requisitos para recibir la salvación?

3. Según lo que has leído en esta clase, ¿cómo Wesley entendió el bautismo?

4. ¿Cuál es el significado de la circuncisión del corazón?

5. ¿Has experimentado un cambio en tu interior?

Oración

Señor, en esta sociedad religiosa, donde muchas iglesias nos invitan a ser bautizados, permite que podamos recibir el bautismo en el momento oportuno, y por las motivaciones correctas. Permite, oh Señor, que podamos sentir tu toque y transformación. Y cuando recibamos el bautismo, que sea señal pública del cambio verdadero en nuestras vidas. En el nombre de Jesús. Amén.

Estudio bíblico #30: La fe

Juan 5.24-27

Versículo clave

Juan 5.24: «De cierto, de cierto os digo: El que oye mi palabra, y cree al que me envió, tiene vida eterna; y no vendrá a condenación, mas ha pasado de muerte a vida».

Introducción al tema

Personas nuevas han llegado a la iglesia y después han conversado conmigo diciendo: «Yo veo a todo el mundo alegre y cantando, sin embargo, yo no siento ese gozo. ¿Porque yo no siento nada en el culto? No lo entiendo». Yo les explico que no se puede ver a Dios con los ojos naturales; hay que verlo con los ojos espirituales. Y para eso se necesita la fe.

Los seres humanos tenemos ojos físicos para ver a nuestro alrededor, pero sin fe no podemos ver las cosas de Dios con los ojos espirituales. Una vez fui con mi hijo de diez años al museo de ciencias, en donde había una exhibición de las ilusiones ópticas. Pensamos que con ver una imagen ya lo habíamos visto todo. Después, la imagen cambiaba y comenzamos a ver algo completamente nuevo. Así es la experiencia de la fe en Jesucristo. El Evangelio de San Juan hace referencia a un pasaje del libro de Isaías: «... para que no vean con los ojos, ni entiendan con el corazón, ni se conviertan, y yo los sane» (Juan 12.40). No se pueden ver las cosas de Dios con los ojos físicos, sino que se requiere un sentido espiritual, que es la fe.

Enseñanza

Wesley en su sermón "La justificación por la fe", menciona que la fe es el único requisito para la justificación, y por tanto, la salvación. Según Wesley, antes de tener fe no podemos hacer nada bueno. Todas nuestras acciones y pensamientos son egoístas, porque estamos bajo la influencia de la caída y nuestra voluntad está sujeta al pecado. La fe es el comienzo de la vía de la salvación y Wesley la define como: «... una prueba o persuasión divina y sobrenatural...»[37]. Para Wesley la fe era el único requisito para ser justificado

37 "Sermón 5: La justificación por la fe", *Obras de Wesley: Tomo I, Sermones,* Justo González, editor general (Franklin, TN: Providence House Publishers, 1998), pág. 111.

(perdonado/perdonada). Wesley también hizo referencia a la definición de la fe según Hebreos 11.1: «... la convicción de lo que no se ve». Tener fe es creer en Dios sin ver. Wesley usó la metáfora de la vista cuando escribió acerca de los ojos naturales y los ojos espirituales.

Una vez que las personas recién convertidas creen y abren sus ojos espirituales, pueden ver su pecado y se arrepienten. Ya no justifican sus pecados. «El que oye mi palabra, y cree al que me envió, tiene vida eterna» (Juan 5.24). Los nuevos creyentes tienen que creer para ser salvos. Por eso Wesley enseñó que la fe es el único requisito para la justificación. Solamente a través de la fe podemos pasar de la muerte a la vida.

Preguntas para reflexionar y discutir

1. ¿Qué piensas de ver las cosas de Dios con los ojos espirituales? ¿Cuál ha sido tu experiencia?

2. ¿Cómo demuestras tu fe en Jesucristo?

3. ¿Cómo ha sido tu experiencia cuando hablas acerca de Cristo a tus amigos? ¿Cuál es la reacción de tus amigos? ¿Entienden lo que les dices? ¿Creen en lo que les dices? Explica.

4. En tu camino diario, ¿cómo compartes la semilla de las buenas noticias con las personas que te rodean?

5. Hay que entender que las personas que no tienen fe, no van a ver las cosas espirituales como las ve una persona cristiana. ¡Ten paciencia y sigue hablándoles de Cristo!

Oración

Señor Jesús, quiero tener los ojos espirituales para verte y creer en ti. Ayúdame a no ver con mis ojos físicos, sino con mi corazón y entender las cosas de Dios. Señor, ayúdame a comenzar la vía de la salvación al dar el primer paso de tener fe, y así ayudar a otros a también conocerte. En el nombre de Jesucristo. Amén.

Estudio bíblico #31: El regalo de la fe

Hebreos 11.1-6

Versículo clave

Hebreos 11.1: «Es pues la fe la certeza de lo que se espera, la convicción de lo que no se ve».

Introducción al tema

Cuando estaba sirviendo como misionero en Cuba, conocí a una maestra del leninismo y materialismo,[38] que se llamaba María. Ella no creía en Dios. Ella estudió en la antigua Union Sovietica y regresó a Cuba para ser maestra. En el tiempo que la conocí, ella estaba pasando por unos problemas en la relación con su esposo. María tenía una gran capacidad intelectual y podía explicar la creación del universo desde la perspectiva del *Big Bang*,[39] sin embargo no era feliz en su vida personal y buscaba algo más en la vida. En una ocasión, una vecina que participaba en un grupo de oración, la invitó a la iglesia. Nosotros teníamos muchos grupos de oración en las casas durante los días de la semana, para fortelecer a los hermanos y a las hermanas de la congregación, y tambien, para invitar a las personas que no iban a la iglesia. María nunca se hubiera atrevido a ir a una iglesia, pero el grupo de oración se reunía en el mismo edificio donde ella vivía, y además, la invitación le pareció genuina. Por esas razones, decidió asistir al grupo de oración. Era un grupo de diez personas –mayormente mujeres– que se reunía en la sala del apartamento para orar, leer la Biblia, cantar, recibir una exhortación del pastor, y luego concluía con un refrigerio de café y pan. A María le gustó la experiencia, porque la gente era hospitalaria y no le hicieron muchas preguntas. El tiempo de cantar y orar parecía bajar la tensión que María sentía en su vida personal.

Un día el esposo de María se fue para los Estados Unidos de Norteamérica, y esto hizo que ella se sientiera aún más sola. Ella todavía no creía en Dios,

38 El leninismo y el materialismo es un dogma que viene del nombre de Vladimir Lenin, fundador del Partido Comunista de Rusia quien dirigió la Revolución Bolchevique en 1917. Lenin puso en práctica muchas de las ideas de Karl Marx sobre la economía, la historia, la religión y la ciencia. Por ejemplo el dogma del materialismo enseña que no hay un dios creador y ni ninguna fuerza espiritual detrás de la naturaleza.

39 La teoría *Bing Bang* es la idea que el universo fue creado por una explosión de gases hace millones de años. Esta explosión creó los sistemas solares, los planetas y las condiciones para sostener vida.

pero se sentía bien asistiendo a la célula del hogar, donde cantaban, oraban y hablaban temas acerca de la esperanza, el amor y la amistad. Un día fue al parque y observó la gran variedad de flores y plantas. En ese momento, se dio cuenta que solamente un Dios creador podía crear tanta belleza y tanta variedad de flores de distintos colores y fragancias. Ese domingo ella fue a la iglesia por primera vez con el grupo de mujeres de la célula, y contó su testimonio de cómo ella comenzó a creer en Dios. María pasó a la tercera dimensión de la fe: tener la convicción de creer sin ver [ver abajo las dimensiones de la fe de Wesley]. Unos meses después María fue bautizada y pasó a ser miembro de la iglesia.

Enseñanza

Wesley entendía que la fe tenía varias dimensiones.

1. La fe podía ser sencillamente la aprobación intelectual de las doctrinas o credos de la iglesia. Wesley creía que esto era suficiente al principio de su ministerio, y luego cambió de opinión y reconoció que esta fe intelectual era la fe de un demonio, porque también ellos creen esto.
2. La segunda dimensión de la fe era la que da confianza en Dios, y a la que Wesley llamó una "fe viva". Wesley argumentaba que después de experimentar la justificación, un o una creyente debía saber que era salvo o salva, por lo tanto esta fe: «Es una segura confianza en la misericordia de Dios a través de Jesucristo. Es una confianza en el Dios perdonador»[40].
3. La tercera dimensión de la fe está definida en Hebreos 11.1: «Es, pues, la fe la certeza de lo que se espera, la convicción de lo que no se ve». Esta tercera demensión es necesaria para obtener la salvación, y es una creencia en realidades que no se pueden ver con los ojos naturales; se requiere ver con el corazón o con los ojos espirituales.

Preguntas para reflexionar y discutir

1. ¿Conoces a alguien como María, que no conoce a Dios? ¿Cuál es el impedimento más grande de creer?

2. Para ti, ¿qué es la fe?

3. ¿Cuáles son las tres dimensiones de la fe?

---

40 [39] "Sermón 7: El camino del reino", *Obras de Wesley: Tomo I, Sermones,* Justo González, editor general (Franklin, TN: Providence House Publishers, 1998), pág. 146.

4. ¿Cómo estás dando testimonio de tu fe a quienes te rodean: tu familia, vecindario o el trabajo?

5. ¿Hay alguien, que tal vez está pasando por problemas personales, a quien podrías invitar a un grupo de oración?

Oración

Señor Jesús, te damos gracias por la fe, que es un regalo de Dios. Te damos gracias por la belleza de tu creación, que es una señal de tu majestad. Te pedimos que nos des las tres dimensiones de la fe, para no solamente tener una creencia intelectual sobre ti, sino de tener la confianza de que somos hijos e hijas de Dios, y que podamos creer en ti sin ver. En el nombre de Jesus te lo pedimos. Amén.

Estudio bíblico #32: La conversión de Saulo

Hechos 9.1-19

Versículo clave

Hechos 9.4: «Saulo, Saulo ¿por qué me persigues?».

Introducción al tema

Saulo, antes de convertirse, fue un fariseo que seguía la ley del Antiguo Testamento, y perseguía a los cristianos y los encarcelaba. Saulo nació en Tarso y fue judío, pero su padre era ciudadano romano. Un día en el camino hacia Damasco le rodeó un esplendor de luz, perdió la vista y cayó de rodillas. Luego escuchó la voz del Señor diciéndole: «Saulo, Saulo ¿por qué me persigues?» (Hechos 9.4). Dios confrontó a Saulo y lo llamó a rendir cuentas. Entonces, Dios le dio una visión a Ananías, para que fuera donde Saulo, y le dijo: «Ve, porque instrumento escogido me es éste, para llevar mi nombre en presencia de los gentiles, y de reyes, y de los hijos de Israel...» (Hechos 9.15). Ananías fue adonde Dios le envió, y la Palabra dice: «Y al momento le cayeron de los ojos como escamas, y recibió al instante la vista; y levantándose, fue bautizado» (Hechos 9.18).

Dios tenía un propósito con Saulo para alcanzar a los gentiles. Después de su conversión, la Biblia se refiere a Saulo más por su nombre en latín: Pablo. Pues, él tenía la ventaja de ser ciudadano romano, y de poder viajar por todo el imperio Romano. En el siguiente capítulo (Hechos 10), Dios también da una visión a Pedro, antes de su encuentro con Cornelio, y le dice: «Lo que Dios limpió, no lo llames tú común» (Hechos 10.15).

Y más adelante, en el libro de los Hechos, hay muchos ejemplos de gentiles que se convirtieron a Cristo. En Hechos, capítulo 15, Pablo es convocado a Jerusalén para testificar delante del Sanedrín[41] sobre las señales y maravillas que el Espíritu Santo estaba haciendo en la vida de los gentiles.

El erudito sueco y ex decano de la Escuela de Divinidades de la Universidad de Yale, Kister Stendahl, postula que el cambio en Saulo no fue una conversión verdadera, sino otra forma de hablar de su llamado. Stendahl

41 Sanedrín: Consejo supremo de los judíos, que trataba y decidía los asuntos de estado y de religión.

argumenta que Saulo creció con una fe firme en Dios, y su experiencia en el camino a Damasco no fue una conversión, sino una continuación de su camino de fe[42]. Más bien, la motivación por su cambio fue una preocupación por las relaciones entre los judíos y los gentiles.

Enseñanza

La Iglesia Católica Romana fue introducida en América Latina por los conquistadores, y ofreció la fe cristiana con "la Biblia en una mano y la espada en la otra". La entrada de los evangélicos en América Latina, a veces, es rechazada gracias a esta historia y a todas las tradiciones de la Iglesia Católica. No obstante, algunos evangélicos reconocen los aportes de los católicos, que a pesar de cometer muchos errores, trajeron la fe cristiana a América Latina. Hoy en día, en algunos lugares, las tensiones siguen entre católicos y evangélicos, y a veces, ni se reconoce el derecho del otro a seguir ejerciendo su tradición de fe. El año 2017, marcó los 500 años de la Reforma Protestante y la división entre la Iglesia Católica y la Iglesia Protestante. Esta ocasión produjo muchas asambleas y eventos en todo el mundo para conmemorar y reflexionar sobre las relaciones entre católicos y evangélicos. Muchos líderes reconocieron que hubo culpa en ambos lados. Sin embargo, hoy hay esfuerzos y diálogos que fomentan la reconciliación y las relaciones fraternales entre católicos y evangélicos. Supongo que así estaban las tensiones entre los judíos y los gentiles en el tiempo de Pablo.

Juan Wesley comentó sobre esta experiencia de Saulo en sus *Explanatory Notes on the New Testament*. A Wesley le llamó la atención la palabra "repentinamente", que aparece en Hechos 9.3, de la cual comentó: «No hay mayor acto de misericordia que la súbita y enérgica acción de Dios para conquistar al pecado. Así ocurrió con Saulo, a quien Dios enseñó a no respirar muerte en el momento en que él estaba más cargado de odio»[43].

Wesley consideró esta acción de Dios como misericordiosa, porque no quiso dejar a Saulo en pecado. También, Wesley comenta sobre los tres días que Saulo estuvo ciego: «¡Cuán importante fue este tiempo! Aparentemente, él debió pasar por los dolores del nuevo nacimiento»[44]. Wesley observó que Saulo estaba a punto de pasar por un nuevo nacimiento.

---

42 Kirster Stendahl, *Paul among Gentiles and Jews and Other Essays,* Minneapolis, MN: Augsburg Fortess, 1959.

43 Comentarios de Wesley sobre Hechos 9.3, *Wesley's Explanatory Notes,* https://www.biblestudytools.com/commentaries/wesleys-explanatory-notes/acts/acts-9.html. [Fragmento traducido por el autor.]

44 *Ibíd.*

Preguntas para reflexionar y discutir

1. ¿Qué te llama la atención de la historia de Pablo?

2. ¿Con quién te identificas más: con Saulo o Ananías?

3. ¿Piensas que la experiencia de Saulo fue una verdadera conversión, o un cambio de su llamado, como argumenta Kister Stendahl?

4. ¿Has pasado por una crisis en tu vida personal que trajo un cambio en tu vida?

5. ¿Qué opinas de las diferencias y los malentendidos entre los católicos y los evangélicos? ¿Es posible encontrar mayor comprensión y mejorar la comunicación?

Oración

Señor te damos gracias por el testimonio de Saulo y por el cambio en su vida. Te pedimos, Señor, que el Espíritu Santo también obre en nuestros tiempos para señalarnos cuando estamos mal y llenos de odio. Permite que podamos ser llenos de amor y de misericordia para discernir los llamados que tienes para nuestras vidas. En el nombre de Jesús. Amen.

SECCIÓN G. LA VÍA DE LA SALVACIÓN

Estudio bíblico #33: La gracia convincente

Juan 16.7-11

Versículo clave

Juan 16.8: «Y cuando él venga, convencerá al mundo de pecado, de justicia y de juicio».

Introducción al tema

Generalmente, en la cultura hispana es muy difícil que un hombre llore, y muy pocas veces, se ve que lo haga en público. En una ocasión, llevé a un grupo de hombres de nuestra iglesia a un retiro espiritual. Al terminar uno de los estudios, me di cuenta que todos los hombres estaban de rodillas llorando. El predicador nos había preguntado si teníamos algún pecado en el fondo de nuestro corazón, algo que habíamos hecho de lo que queríamos arrepentirnos. Sentimos que la gracia convincente estaba sobre nosotros condenándonos por nuestro pecado. El retiro dio un espacio donde los hombres podían dejar a un lado su machismo y ser vulnerables. Existía un ambiente de confianza para confesar con sus bocas sus pecados y ser libres. Juan 10.31, nos enseña que la verdad nos hace libres. Así que esos hombres al confesar con su boca su pecado, que quizas ni sus propias esposas sabían, pudieron sentir liberación de una carga pesada.

Cuando el Espíritu Santo comienza a obrar en la vida de una persona, redarguye en su corazón hasta que ve sus pecados. Hasta el hombre más macho, o la mujer más dura, comienza a quebrantarse ante el poder del Espíritu Santo. Esa gracia del Señor nos convence o nos condena de nuestro pecado, pero no para siempre, solamente hasta que nos arrepentimos y, después, nos perdona. Pero, para recibir ese perdón hay que arrepentirse de corazón.

El capítulo 16 del Evangelio según San Juan narra acerca de la obra del Espíritu Santo. El evangelista narra las palabras de Jesús a sus discípulos, cuando él responde a la pregunta: «¿A dónde vas?». Jesús dice en los versículo 7-8: «Os conviene que yo me vaya; porque si no me fuera, el Consolador no vendría a vosotros; mas si me fuere, os lo enviaré. Y cuando él venga, convencerá al mundo de pecado, de justicia y de juicio». Jesús les explicó que era necesario que él se fuera para que viniese el Consolador, quien convencería al mundo de su pecado.

Enseñanza

La doctrina wesleyana enseña que la gracia preveniente es universal, porque Jesucristo murió por todas las personas. Dios envió su Hijo Jesucristo a la tierra como señal de su amor por nosotros. Dios nos amó primero, y por eso, el prefijo "pre" en la palabra "preveniente". Sin embargo, no todas las personas lo saben o lo creen. La gracia convincente es el segundo tipo de gracia en la vía de la salvación, porque nos "convence" de nuestro pecado. Esta gracia nos ayuda a ver que no estamos bien delante de Dios, y que no podemos seguir mintiéndonos a nosotros mismos. Tenemos que arrepentirnos delante de Dios y reconocer que somos pecadores.

Preguntas para reflexionar y discutir

1. ¿Cómo te sientes cuando has hecho algo delante de Dios y sabes que no está bien?

2. ¿Alguna vez has sentido el convencimiento del Espíritu Santo de algún pecado del pasado? ¿Cómo sentiste el arrepentimiento de corazón?

3. ¿Te gustaría confesar esos pecados delante de Dios para que te sean perdonados una vez y para siempre, y seas libre?

4. El Señor sabe todo lo que tenemos en nuestro corazón; no podemos ocultarle nada. Dios quiere que confesemos con nuestra boca para que seamos perdonados y liberados de todo pecado del pasado. ¿Cómo podemos crear un ambiente de confianza, donde las personas se sientan seguras al confesar sus pecados?

Oración

Señor Jesús, gracias por el sacrificio que hiciste en la cruz y por enviarnos al Espíritu Santo como Consolador. Te agradezco por la gracia convincente, que a través del Espíritu Santo, me redarguye y me convence de mis pecados. Yo te confieso todos mis pecados: ______________________________ ____________________________________. Te pido perdón por todos estos pecados. En el nombre de Jesús. Amén.

Estudio bíblico #34: El nuevo nacimiento

Gálatas 2.14-16

Versículo clave

Gálatas 2.16: «... sabiendo que el hombre no es justificado por las obras de la ley, sino por la fe de Jesucristo, nosotros también hemos creído en Jesucristo, para ser justificados por la fe de Cristo y no por las obras de la ley, por cuanto por las obras de la ley nadie será justificado».

Introducción al tema

Durante las décadas de los años 60, 70 y 80, la iglesia cristiana en Cuba fue perseguida. El gobierno socialista mandó a muchos pastores a un campamento de trabajo, y a muchos jóvenes cristianos se le negó la entrada a la universidad por la sola razón de ser cristianos. Muchos pastores y laicos se fueron de Cuba, y otros negaron la fe para poder ocupar puestos del gobierno. Sin embargo, algunos hermanos y hermanas hicieron grandes sacrificios para mantener abiertas las iglesias. Algunos se convirtieron en pastores al momento para hacerle frente a la necesidad. Estos hermanos son héroes de la fe, quienes hicieron grandes sacrificios para mantener la iglesia abierta. Pero, después de tres décadas de controlar la iglesia, esta generación comenzó a sentirse como los dueños de la iglesia. Más tarde, al principio de la década de los 90, se relajaron algunas de las restricciones a la religión, y las iglesias comenzaron a crecer. Jóvenes que se criaron en un ambiente ateo, comenzaron a buscar de Dios y a convertirse al cristianismo. Ellos experimentaron un nuevo nacimiento, pero cuando quisieron participar en la vida de la iglesia, la gente mayor no quiso soltar el poder.

El sacrificio de los cristianos mayores de edad de mantener la iglesia en Cuba abierta ante tanta discriminación es admirable, ya que requería estar en constante renovación. Robert McAfee Brown, en su libro *The Spirit of Protestantism* [el espíritu del protestantismo, disponible solo en inglés], describe la esencia de un evangélico cristiano. Brown dice que el espíritu de un protestante está en un estado de constante renovación. Nunca podemos descansar en lo que hicimos ayer, o confiar que una experiencia pasada es suficiente para obtener la salvación. La doctrina wesleyana enseña que uno no es "siempre salvo/salva". Tenemos que experimentar un nuevo nacimiento y seguir creciendo y renovándonos en el amor de Cristo.

Enseñanza

Cuando Juan Wesley tenía 36 años ya era un sacerdote en la Iglesia Anglicana. Él había regresado de Georgia de una experiencia misionera desanimadora y dudó de su propia fe. En una de sus conversaciones con Peter Böhler, un pastor morabo, Wesley le preguntó si él debía dejar de predicar si no tenía fe. Böhler le contestó: «De ninguna manera... Predica la fe hasta que la obtengas y entonces, porque la tienes, predicarás la fe»[45]. No fue hasta que Wesley experimentó un nuevo nacimiento en su experiencia de Aldersgate, que él comenzó a predicar con poder. A continuación, la descripción de Wesley de su experiencia del 24 de mayo de 1738:

> «En la noche fui de muy mala gana a una sociedad en la Calle de Aldersgate, donde alguien estaba dando lectura al prefacio de la Epístola a los Romanos de Lutero. Cerca de un cuarto para las nueve de la noche, mientras él describía el cambio que Dios obra en el corazón a través de la fe en Cristo, yo sentí un extaño ardor en mi corazón. Sentí que confiaba en Cristo, sólo en Cristo para la salvación, y recibí una seguridad de que él me había quitado todos mis pecados, aun los míos, y me había librado de la ley del pecado y de la muerte»[46].

Esta conversión de Wesley se conoce como la experiencia del "corazón ardiente".

La palabra de Dios usa el término "justificados", que significa ser perdonados. Esto también forma parte de la vía de la salvación en la teología wesleyana. La justificación es un regalo de Dios cuando uno cree y se arrepiente de corazón. Dios nos hace justos en nuestra relación con él. Esto no es algo que se puede lograr a través de las obras, porque eso sería un esfuerzo humano. Si nosotros pudiéramos salvarnos a nosotros mismos, entonces no hubiera necesidad de Dios. Y viendo que la condición del pecado en el mundo es muy obvia, no lo podemos hacer solos. Gálatas 2.16 dice: «... nosotros también hemos creído en Jesucristo, para ser justificados por la

45 "Diario 2, 1° de febrero – 16 de septiembre de 1738", *Obras de Wesley: Tomo XI, Diarios,* Justo González, editor general (Franklin, TN: Providence House Publishers, 1998), pág. 47.

46 *Ibíd.,* pág. 64.

fe de Cristo». Es algo que viene de repente, y es un regalo de Dios para nuestras vidas. El único requisito es tener fe.

Preguntas para reflexionar y discutir

1. ¿Has experimentado un nuevo nacimiento? Explica.

2. ¿Alguna vez te has sentido como Wesley: que has perdido tu fe?

3. ¿Alguna vez has tenido una experiencia del "corazón ardiente", o algo parecido?

4. ¿Estás satisfecho o satisfecha con tu vida? ¿Te gustaría tener la actitud del espíritu del protestantismo, de constante renovación?

5. ¿Sientes que ya conoces suficiente de la Biblia y de la fe? O, ¿te gustaría seguir creciendo? ¿Por qué?

Oración

Oh Señor, gracias por esa experiencia del "corazón ardiente" de Juan Wesley, que le dio el fuego del Espíritu Santo para comenzar el movimiento metodista. Gracias por la fidelidad de los hermanos y hermanas en Cuba, quienes mantuvieron viva la iglesia. Señor, ahora te pido que renueves mi fe, como lo hiciste con Juan Wesley. Te pido me des una experiencia del "corazón ardiente" para aumentar mi fe y predicar con autoridad. En el nombre de Jesús te lo pido. Amén.

Estudio bíblico #35: La regeneración

Juan 3.1-6

Versículo clave

Juan 3.3: «... él que no naciere de nuevo no puede ver el reino de Dios».

Introducción al tema

Hay muchas personas que fingen estar bien delante de la gente, pero en su interior reconocen que andan mal y necesitan un cambio. Desafortunadamente, el orgullo humano no permite que hagan el cambio. Una vez un hombre alcohólico, llamado Sebastián, se acercó a una iglesia que pastoreé, donde la membresía consistía principalmente de inmigrantes. Él nos dijo que quería ir a los cultos, pero no se podía contar con él. Él no manejaba. Así que me ofrecí a ir a buscarlo para llevarlo a la iglesia. Hubo veces en que lo iba a buscar a la casa y lo encontraba tan tomado que se rehusaba ir a la iglesia. Él me decía que le daba pena y no quería faltarle respeto a la casa de Dios. Sin embargo, continué con mi ofrecimiento de irlo a buscar para ir a la iglesia, y al próximo domingo él estaba sobrio y listo para ir conmigo a la iglesia. Poco a poco siguió asistiendo a la iglesia. Un día le ofrecimos dar un estudio bíblico es su casa. Él vivía con dos hombres en un apartamento. Así que también los invitamos a participar en el estudio bíblico y aceptaron la invitación. Después de transcurrir unas semanas del estudio bíblico, supe que Sebastian venía de México, estaba divorciado, tenía tres hijos y su exesposa se había vuelto a casar. La exesposa había envenedado la mente de los hijos y ellos ya no querían hablar con él por telefono. Sebastián se sentía solo y fracasado.

Seguimos los estudio bíblicos en su casa y el grupo creció con la asistencia de algunos de sus primos, vecinos y compañeros de trabajo. Los estudios sobre la Palabra eran muy profundos y tocaban temas sobre la transformación personal. Después de dos meses vi un cambio profundo en Sebastián. El dejó de beber y tenía una apariencia limpia. Ya no faltaba a la iglesia los domingos. Además de participar en las clases y en los estudios bíblicos, Sebastián nos pidió otros libros cristianos para leer. Me fijé que él no tenía muchos estudios, pero le gustaba leer y quería superarse. Él devoraba los libros y quería aprender más y más sobre Cristo y la vida cristiana. Sebastián fue bautizado en la iglesia y se hizo líder de un grupo celular. Él compartía con gusto su testimonio, y trajó a muchos adictos al alcohol a la iglesia, y les hablaba de Cristo. Hoy en día, Sebastián es uno de los maestros en la escuela dominical y líder en una iglesia.

Nicodemo era un fariseo, un principal entre los judíos y fue de noche a Jesús y le dijo:
«... sabemos que has venido de Dios como maestro; porque nadie puede hacer estas señales que tú haces, si no está Dios con él... ¿Cómo puede un hombre nacer siendo viejo?» (Juan 3.2, 4). Quizás pensaba que sabía mucho, o que ya era salvo, y por eso sintió duda o sospecha al hacer esta pregunta. Jesús le respondió: «... él que no naciere de nuevo no puede ver el reino de Dios» (Juan 3.3). Lo que Jesús quiso decir a Nicodemo, un sabio de la ley, es que no es suficiente saber la ley. Jesús le dice: «Lo que es nacido de la carne, carne es; y lo que es nacido del Espíritu, espíritu es» (Juan 3.6). La enseñanza de Jesucristo es que uno tiene que nacer de nuevo para entrar en el reino de Dios. ¡Con razón esto fue una enseñanza fuerte para Nicodemo, quien era fariseo y creía saberlo todo para tener salvación!

Enseñanza

En la vía de la salvación según Wesley, la gracia convincente nos lleva al arrepentimiento, y la gracia justificadora produce la justificación, la cual lleva al nuevo nacimiento, que también es conocido como la regeneración. Es es el momento cuando nacemos de nuevo y experimentamos un cambio real que quita el poder y la culpa del pecado, y nos restaura a la imagen de Dios. Wesley cita a Filipenses 3.9, en su explicación de la regeneración: «Esto implica, primero, que la criatura renuncia a sí misma; que, con el fin de ser hallado en Cristo, ser aceptado por medio de él, completamente rechaza la confiaza en la carne; que, no teniendo con qué pagar, sin confiar en sus obras ni en la justicia de ninguna clase, vino a Dios como un perdido, miserable, que se ha destruido y condenado a sí mismo; desamparado, un pecador sin esperanza, cuya boca se ha cerrado completamente y está bajo el juicio de Dios»[47]. En otras palabras, para Wesley la regeneración requiere un arrepentimiento total.

Preguntas para reflexionar y discutir

1. ¿Por qué crees que Nicodemo esperó hasta la noche para visitar a Jesús?

47 "Sermón 18: Las señales de un nuevo nacimiento", *Obras de Wesley: Tomo I, Sermones,* Justo González, editor general (Franklin, TN: Providence House Publishers, 1998), pág. 363.

2. ¿Conoces a alguien que le da pena o vergüenza visitar a la iglesia, o que alguien lo vea con una Biblia? Comparte.

3. ¿Por qué crees que Jesús le dijo a Nicodemo: «el que no naciere de nuevo no puede ver el reino de Dios»?

4. ¿Conoces a alguien como Sebastián, que fue capaz de arrepentirse y transformar su vida? Comparte.

5. ¿Has nacido de nuevo? ¿Cómo lo sabes? ¿Cuáles son las señales en tu vida de haber nacido de nuevo?

Oración

Señor, te damos gracias por tus enseñanzas y por las nuevas oportunidades. Te pedimos perdón por ser orgullosos y pensar que lo sabemos todo, cuando en realidad no sabemos nada. Te pedimos nos ayudades a poder dejar de ser religiosos y estudiosos de la ley, y convertirnos en hacedores de tu Palabra. Te pedimos Señor, que podamos arrepentirnos de corazón y nacer de nuevo por el agua y el Espíritu. En el nombre de Jesucristo. Amén.

Estudio bíblico #36: La gracia justificadora

Lucas 5.27-32

Versículo clave

Lucas 5.32: «No he venido a llamar a justos, sino a pecadores al arrepentimiento».

Introducción al tema

Todos los años una iglesia vecina ofrece una clínica dental móbil a nuestra iglesia de habla hispana. La clínica móbil está equipada con dos sillas dentales para hacer limpiezas, empastes y extracciones. Invitamos a la comunidad a ser atendida a cambio de una donación pequeña. Como la necesidad es grande, las personas llegan temprano y hacen una gran fila para ser atendidas. La mayoría de las personas que vienen son pobres, porque no tienen seguro dental, ni tienen el dinero suficiente para hacerse los chequeos regulares. Una de las reglas de la clínica móbil es que los dentistas solo pueden resolver un problema a la vez. Muchas veces, la gente a ser atendida, tienen dos o tres caries, pero el dentista solo se puede enfocar en arreglar la pieza dental que esté en peor condición. Lo bonito de este acto es que los pacientes reciben una atención de primera sin tener que pagar el servicio. Además del trabajo dental, nuestra iglesia da atención espiritual a través de la labor de un equipo de hermanos y hermanas, quienes oran por las personas, y también, si los pacientes lo desean, les regalen un Nuevo Testamento.

¿Cómo se parece la gracia justificadora de Dios a esta clínica dental? Tal como la gracia justificadora, la clínica dental es gratis y abierta para todos. Vienen personas que no tienen seguro médico, ni dinero para pagar un dentista privado. Jesucristo dijo: «Los que están sanos no tienen necesidad de médico, sino los enfermos. No he venido a llamar a justos, sino a pecadores al arrepentimiento» (Lucas 5.31-32). Quienes reconocen su necesidad y se arrepienten, reciben la gracia de Dios, la cual los justifica de sus pecado y los pone en el proceso de ser restaurados a la imagen de Cristo.

Enseñanza

La gracia justificadora es el perdón inmerecido de Dios. Jesucristo se encarnó en la tierra siendo el Hijo de Dios para expresar el amor de Dios en su persona. Él se sacrificó en la cruz para el perdón de los pecados. Juan Wesley escribe en su sermón "La justificación por la fe": «La justificación implica lo que Dios hace por nosotros por medio de su Hijo»[48].

Dios creó el ser humano a su imagen y semejanza. Sin embargo, a raíz de la caída de Adán y Eva fuimos destituidos de la gracia de Dios. Pablo escribe en su Carta a los Romanos: «Por tanto, como el pecado entró en el mundo por un hombre, y por el pecado la muerte, así la muerte pasó a todos los hombres, por cuanto todos pecaron». No obstante, Jesucristo nos ofrece la gracia justificadora para restaurar nuestra relación con Dios. Juan el Bautista se refirió a su primo Jesús como «... el Cordero de Dios, el que quita el pecado del mundo» (Juan 1.29). Jesucristo es el segundo Adán y es la puerta a la fe.

Preguntas para reflexionar y discutir

1. ¿Estás sano/sana, o necesitas de la gracia de Dios? ¿Por qué?

2. El único requisito para recibir la gracia justificadora es la fe en Jesucristo. ¿Tienes fe? ¿Es Jesucristo tu Señor y Salvador?

3. ¿Qué faltas o transgresiones necesitas confesar delante de Dios?

4. La gracia se define como el favor inmerecido de Dios. ¿Sientes que la gracia es un regalo de Dios? ¿Por qué?

5. Si has ofendido a alguien, al terminar la clase, te invito a pedirle perdón.

Oración

Señor Jesús, te doy gracias por el sacrificio que tú hiciste en la cruz. Reconozco que yo también soy pecador o pecadora, y necesito de tu gracia; que estoy en necesidad, y solo tú puedes sanarme. Te pido perdón por mis pecados, y me des una nueva oportunidad para comenzar el proceso de sanidad. En el nombre de Jesús. Amén.

---

48 "Sermón 1: La justificación por la fe", *Obras de Wesley: Tomo I, Sermones,* Justo González, editor general (Franklin, TN: Providence House Publishers, 1998), pág. 104.

Estudio bíblico #37: La justificación por la fe

Romanos 3.21-24

Versículo clave

Romanos 3.22-24: «Porque no hay diferencia, por cuanto todos pecaron, y están destituidos de la gloria de Dios, siendo justificados gratuitamente por su gracia, mediante la redención que es en Cristo Jesús...».

Introducción al tema

Una vez mi amigo Jonathan me llamó por teléfono para pedirme que orara por él, porque fue arrestado y acusado de un crimen. Durante la investigación, audiencia y sentencia él se mantuvo en su inocencia, pero el fallo del jurado fue en contra suyo y fue declarado culpable. Lo visité en la cárcel y él insistía en su inocencia. Una vez que salió de la cárcel, Jonathan reconoció su culpabilidad y me dijo la verdad: que él sí había cometido el crimen. El me dijo que tenía un problema y necesitaba ser sanado. Me soprendió de que hubiese sido capaz de cometer un crimen, y a la vez me sentí triste porque me mintió. No sé lo que estaba pasando en su vida que lo llevó a hacer maldad. Sin embargo, decidí no cortar comunicación con él, de mantener nuestra amistad y orar por él. Él perdió muchos amigos, pues, mucha gente le dio la espalda al ver su foto en el noticiero, sin darle la oportunidad de explicarse. Jonathan pagó el precio; estuvo dos años preso por su crimen, sin embargo, durante ese tiempo él negó su culpabilidad. No fue hasta que salió "libre" que estuvo dispuesto a confesar su pecado delante de Dios y sus familiares y amigos cercanos, que pudo comenzar un proceso de sanidad en su vida. Este arrepentimiento no cambió la realidad en su récord con la policía, pero sí cambió su relación con Dios. Yo también llegué a respetarlo más, porque fue valiente para arrepentirse de corazón, y luchar honestamente con un problema de su carácter.

Pablo escribió acerca de la ley y la gracia en su Carta a los Romanos. Pablo nos enseña sobre "la justicia de Dios por medio de la fe en Jesucristo" (Romanos 3.22). Cuando nos arrepentimos y creemos en Jesucristo, el Espíritu Santo nos perdona y borra el pasado. Pablo también enseña que la justificación es gratis por medio de la gracia de Jesucristo. Jonathan todavía tiene que cargar con las consecuencias de su crimen, pero delante Dios ha sido perdonado, y su vida está en un proceso de sanidad.

Enseñanza

Según la doctrina del pecado original todos nacemos en pecado. Sin embargo, a través de la gracia preveniente, Dios nos extiende la oportunidad de arrepentirnos y recibir su perdón. El momento en que reconocemos nuestro pecado y Dios nos perdona, se llama justificación por la fe. Esto es por los méritos de Jesucristo y no por los nuestros. Juan Wesley compartió sobre la justificación en su sermón "El camino de la salvación según las Escrituras": «Justificación es otra palabra para perdón. Es el perdón de todos nuestros pecados y lo que está implícito en ellos: nuestra aceptación por Dios»[49]. La justificación no es un cambio real, sino un cambio relativo en nuestra relación con Dios. En ese momento, Dios nos libera del poder del pecado y nos limpia del sentido de culpa. Esto incluye el pecado original y también el pecado actual. Dios hace todo esto gratuitamente por nosotros, pues, el perdón es un regalo de Dios. Juan Wesley describe los efectos inmediatos de la justificación como: «La paz de Dios, la paz que sobrepasa todo entendimiento, y que nos gloriamos en la perseverancia de la gloria de Dios, con gozo inefable y glorioso»[50]. El único requisito de la justificación es el verdadero arrepentimiento y la fe en Jesucristo.

Preguntas para reflexionar y discutir

1. ¿Hay algún pecado, interior o exterior, que te domina?

2. ¿Te has arrepentido delante de Dios?

3. ¿Has sentido el perdón de Dios en tu vida?

4. ¿Sientes que Jesucristo te perdona y te justifica cuando te arrepientes de corazón?

5. ¿Estás dispuesto o dispuesta a perdonar a quienes te ofenden?

49 "Sermón 43: El camino de la salvación según las Escrituras", *Obras de Wesley: Tomo III, Sermones,* Justo González, editor general (Franklin, TN: Providence House Publishers, 1998), pág. 91.

50 *Ibíd.*

Oración

Señor Jesús, venimos delante de ti con corazones sinceros. Tú conoces nuestra mente y nuestro corazón. En este momento nos arrepentimos de todo pecado, interior o exterior, y te pedimos que nos perdones. Te pedimos que nos justifiques y que nos des una nueva oportunidad. En el nombre de Jesús te lo pedimos. Amén.

Estudio bíblico #38: La salvación por la fe

Efesios 2.4-9

Versículo clave

Efesios 2.8-9: «Porque por gracia sois salvos por medio de la fe; y esto no de vosotros, pues es don de Dios; no por obras, para que nadie se gloríe».

Introducción al tema

El joven Wesley leyó mucho sobre los escritos de los místicos, incluyendo al francés Tomás à Kempis y a los españoles Gregorio López y Miguel de Molinos. Wesley leyó a los místicos desde su tiempo de estudiante en la Universidad de Oxford hasta su viaje misionero a Georgia, en 1735. Al joven Wesley le gustaba cómo los místicos tomaban en serio su salvación y practicaban las obras de piedad y las obras de misericordia para obtener la salvación. En cuanto las obras de piedad, a Wesley le impresionó cómo los místicos practicaban la oración, el ayuno y la lectura de la Palabra en su vida cotidiana. Wesley imitaba muchas de las obras de misericordia, por ejemplo: vivir humildemente, visitar a los presos y dar limosnas a los pobres. Wesley notó a través de la lectura de los místicos del tiempo de la Edad Media en Europa, un movimiento espiritual en medio de la obscuridad. Los místicos solo tenían una falla en su entendimiento de la salvación, y Wesley no se dio cuenta de esa falla hasta su viaje a Georgia y en su convivencia con la Iglesia Morava. ¿Puedes tú adivinar cuál era el problema con el entendimiento de los místicos acerca de la salvación?

Enseñanza

En su viaje de Inglaterra a Georgia, Wesley sintió miedo de que el barco se fuera hundir. Una noche, en medio de una tormenta, Wesley escribió en su diario: «El barco no sólo se movía violentamente de un lado a otro, sino que se remecía y sacudía con un movimiento tan desigual y ruidoso que uno apenas y con gran dificultad podía sostenerse. Era imposible parase sin algún apoyo. Cada diez minutos se sentía un duro golpe en la popa o la borda, que le hacían pensar a uno que las tablas se partían a pedazos»[51]. En medio de esa tormenta Wesley observaba que mientras los ingleses gritaban

51 "Diario, 25 de diciembre de 1735", *Obras de Wesley; Tomo XI, Diarios,* Justo González, editor general (Franklin, TN: Providence House Publishers, 1998), págs. 17-18.

de pánico, había un grupo de alemanes quienes estaban tranquilos. Wesley observó: «Un terrible grito se oyó entre los ingleses. Los alemanes, calmadamente, continuaron cantando. Más tarde le pregunté a uno de ellos: "¿No tenías miedo?" Respondió: "Gracias a Dios, no". Pregunté luego: "¿Y sus mujeres y niños no tenía miedo?" Respondió con toda calma: "No, nuestras mujeres y niños no temen morir"»[52]. Este fue el primer encuentro de Wesley con la Iglesia Morava, el cual le enseñó una nueva manera de ver la salvación; muy diferente a la que había estudiado de los místicos.

Los alemanes eran de la Iglesia Morava, oriundos de Herrnhut, Alemania. Wesley aprendió a través de los moravos sobre la religión del corazón. Por mucho que Wesley leía los escritos de los místicos y tratara de ganar la salvación con las obras de piedad y de misericordia, no podía hacerlo. Esto se llama la doctrina de la salvación por las obras. Los moravos le enseñaron a Wesley la religión del corazón, también conocida como la salvación por la fe. El apostol Pablo en su Carta a los Efesios escribió: «Porque por gracia sois salvos por medio de la fe; y esto no de vosotros, pues es un don de Dios; no por obras, para que nadie se gloríe» (Efesios 2.8-9). La salvación es por la fe en Jesucristo, no por las obras.

Cuando Wesley observó la fe de los moravos en medio de la tormenta, comenzó a estudiar el idioma alemán, porque quería aprender de esa fe. Al regresar de su tiempo misionero en Georgia, Wesley tuvo su experiencia del "corazón ardiente" y recibió la seguridad de que era salvo —no por las obras— sino por la gracia de Dios. Ya más tarde en su vida, Wesley escribió en una carta a su hermano mayor Samuel, en la cual le decía que el misticismo fue "la roca en la cual yo casi naufragué". La salvación es un don gratuito por medio de la fe en Jesucristo y, no es algo que podemos ganar con nuestras obras.

Preguntas para reflexionar y discutir

1. Quienes piensan que tienen que ganar la salvación por obras, a menudo, sienten culpa por algo en su pasado, ya que no han experimentado el perdón de ese pecado. ¿Conoces a alguien, como el joven Wesley, que siente que tiene que "ganar" la salvación?

2. ¿Qué quiere decir una religión de corazón? ¿Cuál es la diferencia entre una religión de corazón y una religión de la cabeza?

52 *Ibid.*, pág. 18.

3. ¿Reconoces que la salvación es un regalo de Dios? Explica.

4. ¿Tienes la seguridad de ser salvo o salva? ¿Por qué?

Oración

Señor Jesús, gracias por el sacrificio que hiciste en la cruz. Gracias porque ya tú pagaste el precio por nosotros y no tenemos que ganar la salvación a través de nuestras obras. Ayúdanos a confiar en ti, y sentir la seguridad de la salvación que proviene de ti. Amén.

Estudio bíblico #39: La santificación

1ª de Tesalonicenses 5.22-24

Versículo clave

1ª de Tesalonicenses 5.23: «Y el mismo Dios de paz os santifique por completo; y todo vuestro ser, espíritu, alma y cuerpo, sea guardado irreprensible para la venida de nuestro Señor Jesucristo».

Introducción al tema

Cuando el niño Jesus tenía 12 años fue al templo con sus padres para la Pascua. Cuando terminó el festival religioso, María y José comenzaron a caminar de vuelta a Nazaret, pero a medio camino se dieron cuenta que Jesús no estaba con ellos. Fueron corriendo al templo y encontraron al niño Jesús con los doctores de la ley. Cuando regañaron a Jesús, él tranquilamente respondió: «¿Por qué me buscabais? ¿No sabíais que en los negocios de mi Padre me es necesario estar?». Jesús estaba aprendiendo de la palabra de Dios y creciendo en su fe. En Lucas 2.52 dice: «Y Jesús crecía en sabiduría y en estatura, y en gracia para con Dios y los hombres».

No hay muchos pasajes bíblicos sobre Jesús antes de comenzar su ministerio público. Hay algunas historias del nacimiento, y esta historia que nos da un vistazo de la crianza de Jesús. Este pasaje muestra a Jesús madurando en edad, en la sabiduría y en el conocimiento de la Palabra.

Enseñanza

Juan Wesley compara la vía de la salvación con una casa: «nuestras principales doctrinas, las cuales incluyen a todas las demás, son tres: de arrepentimiento, de fe y de santidad»[53]. Para explicar estas tres fases de la vía de la salvación, Wesley utilizó la metáfora o comparación de una casa. La gracia preveniente nos busca con el amor tan grande de Dios que nunca deja de perseguirnos. La gracia convincente nos convence de nuestros caminos pecaminosos, y nos lleva al arrepentimiento. Es el pórtico o el balcón de la casa. Luego, la gracia justificadora nos perdona y nos limpia del poder y la culpa del pecado y nos da una nueva oportunidad. Eso representa la puerta de entrada a la casa. Y luego, al entrar a la casa misma comienza el

53 *The Works of John Wesley*, Vol. 9, p. 227.

proceso de la santificación, donde vivimos de gracia en gracia, dispuestos a que Dios nos haga perfectos en amor. La santificación ocurre dentro de la casa. La gran mayoría de nosotros nunca llegaremos a la estatura de Cristo. Ya desde niño, él ya sabía como priorizar las cosas de Dios, y solo quería estar en los negocios de su Padre.

El proceso de la santificación puede que nunca termine, y por eso debemos estar a la expectativa y dispuestos a que Dios haga la santificación entera o total en nosotros para llegar a la estatura de Cristo. Lo importante es nunca creer que ya el proceso finalizó, o estar conformes o confiados. Siempre hay algo más que aprender, y algo nos falta en nuestro carácter para mejorar, o un pecado para erradicar.

Preguntas para reflexionar y discutir

1. ¿En cuál etapa te encuentras tú: en el pórtico, en la puerta, o ya adentro de la casa? ¿Cómo lo sabes?

2. ¿Qué puedes aprender de la historia de Jesús en su niñez?

3. ¿Conoces a personas que aún están fuera de la casa? ¿Cuáles son las características de sus vidas?

4. ¿Cómo podrías invitarlos a tener una experiencia con Jesucristo, y entrar en el proceso de la santificación?

Oración

Señor Jesús, damos gracias a Dios por tu ejemplo. Gracias porque desde niño ya estabas en los asuntos de tu Padre, creciendo en gracia y estatura. Gracias porque nos enseñaste el camino a la salvación. Permite, oh Señor, que podamos entrar en este proceso de recibir la gracia preveniente y la gracia justificadora de entrar por el portico, la puerta y andar en la casa. Permite, oh Señor, que no nos quedemos conformes con lo que ya hicimos o hemos aprendido. Sabemos que todavía nos falta mucho para llegar a ser como tú, y te pedimos que a través del Espíritu Santo nos guíes para crecer de gracia en gracia hasta alcanzar la perfección cristiana. En el nombre de Jesús. Amén.

Estudio bíblico #40: ¿Es la santificación instantánea o gradual?

Juan 17.13-19

Versículo clave

Juan 17.19: «Y por ellos yo me santifico a mí mismo, para que también ellos sean santificados en la verdad».

Introducción al tema

Cuando fuimos misioneros en Cuba, hubo una cruzada de evangelismo en la parte oriental de la Isla; en una ciudad llamada Manzanillo. En general, la parte oriental de la Isla era la más aislada y con menos recursos, porque casi todo el comercio y los turistas entraban y salían de La Habana.

La gente de Manzanillo se enteró de que iba a haber una cruzada de sanidad y comenzaron a llegar a la iglesia. La cruzada fue planificada para tres noches. Fue tanta la gente que vino a la cruzada que en la primera noche no cabía en la iglesia. En esa primera noche, personas recibieron a Cristo como su Señor y Salvador y, además, hubo milagros: personas discapacitadas se levantaron, por sus propios pies, de sus sillas de ruedas. Pronto la gente de Manzanillo se enteró de estas noticias y, la segunda noche llenó la calle alrededor de la iglesia. Llegaron más de 3,000 personas para recibir una bendición de Dios. Las autoridades cubanas, preocupadas por las multitudes, intervinieron en la actividad de esa noche. La tercera noche fue cancelada por las autoridades con el pretexto de mantener el orden público.

En los tiempos de Juan Wesley también él predicaba a audiencias de 3,000 personas y, mucha gente se convertía. Pero había una polémica si las personas podrían llegar a la perfección cristiana con un solo acto de conversión. O sea, ¿si era posible que Dios justificara y santificara a la persona de una sola vez? Esto se llama la santificación entera o instantánea.

Enseñanza

La santificación es el proceso de eliminar nuestros defectos para volver a rescatar la imagen y semejanza a Dios. Es hacer un cambio real en nosotros. Esto es una experiencia distinta a la justificación, la cual es un cambio relativo en nuestra relación con Dios.

Wesley tenía a un predicador laico, llamado Tomás Maxfield, quien recibió la influencia de las ideas del calvinismo y comenzó a creer en la doctrina de la santificación instantánea. O sea, que en el instante de experimentar la justificación, también se era santificado completamente en ese momento. Wesley estaba en contra de eso y se lo advirtió a Maxfield. Sin embargo, Maxfield siguió con las ideas de la doctrina de la santificación instantánea, y Wesley tuvo que despedirlo como predicador metodista.

Cuando tenemos esa primera experiencia con el Espíritu Santo, nos arrepentimos de nuestros pecados y Dios nos justifica de nuestros pecados. Dios elimina el sentido de culpa y el deseo de pecar. ¿Puede Dios en ese momento eliminar el pecado de nuestra vida? En otras palabras, ¿puede Dios eliminar el alcoholismo, el vicio de fumar, de decir malas palabras, de mentir, de ser egoísta? Sí, Dios lo puede hacer, porque él es Dios. Sin embargo, la doctrina wesleyana cree en un proceso distinto a la justificación, llamado la santificación. Este es un proceso continuo de crecimiento en la gracia que dura toda la vida, mediante el cual intentamos poco a poco llegar a la estatura de Cristo. Uno está en las disposición de querer ser hecho perfecto en el amor de Cristo. La meta es llegar a la perfección cristiana, y sabemos que es difícil llegar. Pero tenemos que seguir creciendo y aprendiendo con la ayuda de Dios, porque una vez que nos creemos satisfechos, nos estancamos y volvemos a los malos hábitos de nuestra vieja criatura.

Juan Wesley tuvo muchas predicaciones al aire libre, así como en la cruzada en Manzanillo. Sin embargo, Wesley sabía que las personas no podrían entrar el proceso de la santificación con solo escuchar un sermón. Después de predicar un sermón a más de tres mil personas en la ciudad de Bristol, Wesley les dijo a quienes fueron justificados que se reunieran con él a orar, a leer las Escrituras y cantar. Así formó una sociedad (grupo pequeño), en Bristol para seguir exhortando a los nuevos convertidos en la fe. Wesley sabía que la clave de la salvación era seguir creciendo en la fe, así que formó una cadena de sociedades por todo Inglaterra.

Preguntas para reflexionar y discutir

1. ¿Cómo crees tú que Dios hace la santificación: instantánea o gradual?

2. ¿Sientes que Dios eliminó tus pecados en tu primera experiencia con el Espíritu Santo, o piensas que es un proceso gradual?

3. ¿Cómo crees que la gente mejor se convierte: en una cruzada evangelística o en un proceso con grupos pequeños? ¿Por qué?

4. Claro que Dios puede obrar como él quiere para tocar y transformar vidas. No obstante, yo te exhorto a invitar a tus amigos, compañeros de trabajo, vecinos y familiares a participar en un grupo pequeño para comenzar a crecer en la gracia de Dios. ¿A quienes de tus familiares, amigos, vecinos o compañeros de trabajo puedes invitar a un grupo pequeño?

Oración

Nuestro querido Dios, te damos gracias por enviar a tu Hijo Jesucristo, para mostrarnos el camino a la salvación y para darnos una segunda oportunidad. Sabemos que no somos dignos de tu misericordia. Sin embargo, nos enviaste a Cristo, quien es el camino, la verdad y la vida. Permite, oh Señor, qué podamos seguir en el proceso de la santificación; qué en tu amor, nos vayas santificando de gracia en gracia para llegar a la estatura de Cristo. En el nombre de Jesús. Amén.

Estudio bíblico #41: La perfección cristiana

1ª Juan 4.16-18

Versículo clave

1ª Juan 4.17: «En esto se ha perfeccionado el amor en nosotros, para que tengamos confianza en el día del juicio; pues como él es, así somos nosotros en este mundo».

Introducción al tema

Agnes Gonxha Bojaxhiu, mejor conocida como Madre Teresa de Calcuta, era una mujer tan llena de amor que dedicó su vida a cuidar a las personas más rechazadas de la India: los leprosos de Calcuta. Una persona visitó su ministerio, y al verla poniendo una venda a un leproso dijo: «Yo no haría eso ni por un millón de dólares». A lo cual la Madre Teresa respondió: «Yo tampoco». En otras palabras, Madre Teresa era una mujer tan llena de Dios, que servía a los pobres no por dinero, ni por ninguna recompensa material, sino por el amor a Dios. Ella comenzó su ministerio con los menospreciados mientras servía como directora de un colegio en Calcuta. La Madre Teresa fue conmovida por la cantidad de pobres y moribundos en las calles. Entonces, ella pidió permiso para comenzar un nuevo ministerio de cuidar a los enfermos, en 1948. En 1950, ella inició una nueva orden llamada "Las Misioneras de la Caridad". Además de los tradicionales votos de pobreza, castidad y obediencia, esta orden exigía el voto de servicio a los pobres. Madre Teresa ganó el Premio Nobel de la Paz en 1979, por su ministerio con los pobres y moribundos de Calcuta. Se requiere una entrega total a Cristo y una llenura del Espíritu Santo para poder tener ese amor tan grande.

Enseñanza

La meta de la vía de la salvación para Wesley era llegar a la perfección cristiana, o también conocida como hacerse perfecto en el amor. Wesley creía que los seres humanos fueron creados a la imagen y semejanza de Dios, o sea perfectos. Sin embargo, en el pecado original de Adán, caímos de la gracia de Dios. Pues, dice Pablo en Romanos 3.23: «... por cuanto todos pecaron, y están destituidos de la gloria de Dios...».

No obstante, por medio de la muerte y resurrección de Jesucristo, en la justificación somos perdonados, y en la santificación pasamos por el proceso de eliminar los pecados y todo lo que no le agrada a Dios. La meta al final de la santificación es la perfección cristiana o la santificación entera o total. Para Wesley, la perfección cristiana significaba el ser restaurados al estado original, o al estado del amor perfecto de Dios. Esta doctrina era muy polémica en el tiempo de Wesley, porque algunas creencias enseñaban que después de la caída de Adán era imposible restaurar el estado original. Sin embargo, por medio de la gracia todo es posible. El proceso de la santificación va limpiando el pecado poco a poco, y en su lugar, va derramando el amor de Dios. En relación a esto, Wesley escribió: «¿Crees esto? Entonces el amor de Dios está derramado en tu corazón, y le amas, porque él te amó primero. Y por cuanto amas a Dios, amas también a tu hermano»[54].

Preguntas para reflexionar y discutir:

1. ¿A quién conoces que demuestra el amor de Dios? ¿Cómo esta persona demuestra el amor? ¿Cómo sabes que proviene de Dios?

2. ¿Has podido crecer en el proceso de la santificación? Explica.

3. ¿Cuáles son las áreas de tu vida donde sientes que el Espíritu Santo está trabajando en ti?

4. ¿Crees que es posible llegar a ser perfecto en el amor de Dios? ¿Por qué?

Oración

Señor, te damos gracias por la vida de Madre Teresa de Calcuta y las personas entregadas, quienes reflejan tu amor. Te pedimos, Señor, que nos limpies del pecado y pongas en nosotros tu amor. Sé que soy un pecador o pecadora, pero para ti no hay nada imposible. Permite, oh Señor, que podamos crecer por medio de tu gracia, para estar cada vez más cerca de ser como tú, y poder reflejar tu imagen. En el nombre de Jesucristo. Amén.

54 "Sermón 7: El camino del reino", *Obras de Wesley: Tomo I, Sermones,* Justo González, editor general (Franklin, TN: Providence House Publishers, 1998), pág. 147.

SECCIÓN H. LOS MEDIOS DE GRACIA

Estudio bíblico #42: Una vez salvo, ¿siempre salvo?

Hebreos 12.12-15

Versículo clave

Hebreos 12.14: «Seguid la paz con todos, y la santidad, sin la cual nadie verá al Señor».

Introducción al tema

Hoy en día vivimos en un tiempo de mucha diversidad religiosa. Existe mucha religiosidad entre el pueblo latinoamericano y muchas tendencias y corrientes que nos confunden. Una de las creencias que anda por ahí es la doctrina de "una vez salvo, siempre salvo". Esta creencia pone mucho énfasis en la conversión y el bautismo del creyente, y menos énfasis en el crecimiento espiritual o la educación cristiana. El dogma de la Iglesia Católica Romana es que el bautismo nos limpia del pecado original, y muchos creen que esto es suficiente para ganar la vida eterna. Aún en muchas iglesias evangélicas tienen la doctrina que una vez la persona acepta a Jesucristo como Señor y Salvador ya se es salvo para siempre. O sea, piensan que la apostasía (negar la fe) es imposible. En su tiempo, Juan Wesley enfrentó a los calvinistas y la doctrina de la predestinación, que creía que si una persona estaba entre "los escogidos" iba a perseverar hasta el final para entrar en el reino de los cielos. Hoy en día hay muchas personas que piensan que una vez que han aceptado a Jesucristo, o han sido bautizadas, ya su camino al cielo está garantizado, y no tienen que seguir creciendo en la fe o disciplinas espirituales. En esta clase estudiaremos las creencias de Juan Wesley y la herencia metodista respeto a quienes pecan o cometen apostasía después su conversión inicial.

Enseñanza

En el tiempo de Wesley, también existían muchas creencias, y él tenía que definir su postura ante mucha diversidad de creencias y críticas. Ante la creencia de "una vez salvo, siempre salvo", Wesley escribió un sermón titulado "Un llamado a los descarrilados" donde describe casos de cristianos que en un momento estuvieron consagrados, pero luego pecaron: «No obstante, hemos visto algunos de los más fuertes, después de un tiempo, perder su firmeza. A veces de repente, pero la mayoría lentamente ceden a la tentación; y orgullo, o enojo, o deseos frívolos que han brotados en sus corazones. Entonces, a veces han perdido totalmente la vida de Dios, y el pecado ha recobrado dominio sobre ellos»[55]. En este sermón Wesley cita al pasaje de Hebreos 10.26: «Porque si pecáremos voluntariamente después de haber recibido el conocimiento de la verdad, ya no queda más sacrificio por los pecados». Esto quiere decir que el sacrificio de Jesucristo es solamente para los pecados pasados y no es un pase para los pecados futuros. También, los cristianos que ya conocen la ley son juzgados más severamente de los que no conocen la Palabra. Esta postura de Wesley puede sonar como una condenación muy fuerte para aquellos que en un momento dado fueron cristianos y se apartaron del camino del Señor. Sin embargo, Wesley termina el sermón con un mensaje de un Dios misericordioso, quien puede hacer «recobrar la bendición que tenían antes aun con aumento». Por cierto, Dios puede volver a perdonar los pecados a través de la gracia de Jesucristo. No obstante, el mensaje de Wesley queda claro de que nadie, ni aun los más consagrados, tienen licencia para pecar. La enseñanza de Wesley es clara en que no debemos "dormirnos en nuestros laureles" y estar satisfechos con lo que ya hicimos o con nuestro caminar pasado. La persona cristiana que está detenida, ya está en retroceso. La doctrina de la santificación nos impulsa a seguir creciendo espiritualmente y a esperar llegar a la perfección cristiana.

Preguntas para reflexionar y discutir

1. ¿Has escuchado de la doctrina "una vez salvo, siempre salvo"? ¿Qué piensas de ella?

2. En la Iglesia Católica Romana creen que el bautismo es la puerta a la salvación eterna y nos limpia del pecado. ¿Piensas que el bautismo es suficiente para ser salvo?

3. ¿Cuáles son los pasos que estás tomando para seguir aprendiendo y creciendo en tu caminar de fe?

---

55 Sermón 86: "Un llamado a los Descarrilados", http://wesley.nnu.edu/john-wesley/the-sermons-of-john-wesley-1872-edition/sermon-86-a-call-to-backsliders/ [Fragmento traducido por el autor.]

Oración

Señor Jesús, te damos gracias por el sacrificio que hiciste en la cruz y no nos permita tomarlo a la ligera. Permite, oh Señor, que no nos quedemos dormidos o satisfechos con lo que hicimos ayer, sino que podamos seguir creciendo en la fe a la estatura de Cristo. En el nombre de Jesús. ¡Amén!

Estudio bíblico #43: Teología sacramental, 1ª parte

Lucas 22.17-20

Versículo clave

Lucas 22.19: «Y tomó el pan y dio gracias, y lo partió y les dio, diciendo: "Esto es mi cuerpo, que por vosotros es dado; haced esto en memoria de mí».

Introducción al tema

Los sacramentos han sido una parte importante de la práctica de la fe cristiana desde Jesucristo. No obstante, ha existido mucha confusión sobre los sacramentos y un punto de contienda y, tristemente, en algunos casos, diferentes interpretaciones han causado división en el cuerpo Cristo. De hecho la palabra "sacramento" viene del griego *mystérion* que quiere decir misterio. La Iglesia Católica Romana practica siete sacramentos, pero Martín Lutero redujo estos a dos, durante la Reforma Protestante en el siglo XVI. Los criterios que Lutero usó para reconocer los sacramentos fueron: 1) Tiene que ser un rito que instituyó el mismo Jesucristo, y 2) El sacramento necesita un símbolo material que representa el misterio. Por lo tanto, Martín Lutero eliminó los sacramentos de confirmación, penitencia, ordenación, matrimonio y extrema unción como actos que Jesús nunca hizo y, más bien, fueron prácticas introducidas a la Iglesia en la tradición católica. Lutero solo reconoció los sacramentos de la Santa Comunión y el bautismo como actos hechos por Jesucristo. Por ejemplo, como vemos en este pasaje, Jesucristo enseñó a sus discípulos a tomar la Santa Cena, y Jesús mismo fue bautizado –aunque estaba sin pecado– para dar el ejemplo a todos sus seguidores. También, ambos sacramentos tienen un símbolo material. En el caso de la Santa Comunión, el pan y el vino representan el cuerpo y la sangre de Jesús, y el agua representa la muerte y la resurrección, o sea, la vida nueva (Romanos 6.4).

Enseñanza

Juan Wesley siguió la enseñanza cristiana de San Agustín, al decir que «los sacramentos son signos externos de la gracia interior».

Históricamente, esta definición de los sacramentos fue transmitida de una generación a otra. Wesley recibió esta enseñanza de la Iglesia de Inglaterra, y la pasó a los metodistas en los Artículos de Religión, los cuales dicen lo siguiente: «Los sacramentos instituidos por Cristo son no sólo señales o signos de la profesión de los cristianos, sino mas bien testimonios seguros de la gracia y buena voluntad de Dios para con nosotros, por los cuales obra en nosotros invisiblemente, y no solo avivan nuestra fe en Dios, sino que también la fortalece y confirma»[56]. Lo más importante sobre la enseñanza sobre los sacramentos es recordar que son medios de gracia instituidos por Cristo, a través de los cuales él derrama su amor y perdón.

Preguntas para reflexionar y discutir

1. ¿Cuál ha sido tu experiencia con los sacramentos? En todas las iglesias no siempre se entienden y practican los sacramentos de la misma manera. ¿Has participado de los sacramentos en otras iglesias? ¿Cómo se interpretan y practican los sacramentos en otras tradiciones?

2. La Iglesia Católica Romana practica siete sacramentos. ¿Cómo fue que los protestantes los redujeron a solo dos? ¿Quién lo hizo? ¿Cuáles fueron los dos criterios para reconocer los sacramentos?

3. Un tema muy importante en el entendimiento wesleyano de los sacramentos es la gracia de Dios. ¿Cómo entiendes la presencia de la gracia de Dios en los sacramentos?

4. ¿Has experimentado la gracia de Dios a través de un sacramento? Comparte tu experiencia.

Oración

Señor, te damos gracias por estos misterios santos. Humanamente no podemos entender el misterio de tu amor tan grande por nosotros. Te damos gracias por el amor y el perdón que nos ofreces a través de los sacramentos. Cada vez que un nuevo o nueva creyente se bautiza afirmamos nuestro bautizo y la nueva vida en Cristo Jesús. También, cada vez que participamos en la Santa Comunión, recordamos el sacrificio que hizo nuestro Señor Jesús en la cruz y damos gracias por el perdón de los pecados y el regalo de tu gracia. En el nombre de Jesús. Amén.

56 "Los Artículos de Religión de la Iglesia Metodista Unida: Artículo XVI.–De los Sacramentos", *Disciplina de la Iglesia Metodista Unida*, 2016 (Nashville, TN: Abingdon, 2017), ¶104, pág. 70.

Estudio bíblico #44: Teología sacramental, 2ª parte

Juan 4.10-14

Versículo clave

Juan 4.14: «Mas el que bebiere del agua que yo le daré, no tendrá sed jamás; sino que el agua que yo le daré será en él una fuente de agua que salte para vida eternal».

Introducción al tema

Los sacramentos son un misterio de Dios. A veces, pensamos que los sacramentos son algo que tenemos que ganar o merecer. Sin embargo, vemos en las Escrituras que son regalos de Dios. El bautismo es un regalo de nueva vida; y la Santa Cena es el perdón de los pecados, que es un don de Dios. Hoy en día, existe una corriente de teología popular que está ganando mucho auge, conocida como la "teología de la prosperidad". Hay algunos pastores de mega iglesias que practican esta teología, y les dicen a sus seguidores que tienen que dar para que Dios les bendiga. No obstante, bíblicamente hablando, es al revés. Dios Padre envió a Jesucristo para enseñarnos el camino y, a través de su vida, muerte y resurrección nos ofrece vida nueva. O sea, Dios ya tomó el paso de buscarnos, y lo único que tenemos que hacer es recibir lo que nos ofrece. Esto se llama gracia. Y no es algo que nosotros podemos ganar. De hecho, la gracia se define como el favor inmerecido de Dios.

Enseñanza

La gracia es el tema central de la doctrina wesleyana. Wesley hablaba mucho de los medios de gracia o canales para recibir la gracia de Dios. La teología de la prosperidad no existía en el tiempo de Wesley, pero tenían otro debate parecido entre la teología de la ley y la gracia. La teología de la ley enseñaba que si uno hacía una práctica —ya sea asistir a la iglesia, ofrendar, ser bautizado o recibir la Santa Comunión— era para ganar la salvación. También esto se llama "salvación por las obras". Wesley y los reformadores enseñaron que esto puede convertirse en una idolatría que trae "una maldición", porque uno realmente está adorando al acto, en lugar de enfocar su adoración en Aquel, quien es la fuente de la salvación. Wesley escribió: «Es evidente que estos medios no han producido, en aquellos que abusan de ellos, el fin para el que fueron instituidos, sino que, al contrario, los medios que deberían haber servido para su salvación les han sido tropiezos. Se encontraban tan lejos de recibir una bendición por medio de ellos, que trajeron maldición sobre sus cabezas»[57]. Hay que recordar que el ritual o el acto es solamente el canal para recibir la gracia de Dios, la cual Dios da gratuitamente.

Preguntas para reflexionar y discutir

1. ¿En qué momento has sentido la gracia de Dios? Explica.

2. Cuando participas de la Santa Comunión, ¿qué sientes?

3. En tu relación con Dios, ¿quién sientes que tomó el primer paso: tú o Dios?

4. ¿Has tenido alguna experiencia con la teología de la prosperidad? ¿Qué opinas al respeto?

5. ¿Te inclinas más hacia la salvación por las obras o la salvación por la gracia? ¿Por qué?

Oración

Dios de amor, gracias por todo lo que hiciste por nosotros aún antes de conocerte. Gracias por la vida, la salud, la familia y, sobre todo, por enviar a tu Hijo Jesucristo para ofrecernos la vida eterna. Te pedimos, Señor, que podamos mantener una actitud de gratitud al recordar todo lo hiciste por nosotros. Permite, oh Señor, que al participar de los medios de gracia nunca olvidemos esa gratitud, y que podamos recibir tu gracia nueva cada día. En el nombre de Jesús. Amén.

57 "Sermón 16: Los medios de gracia", *Obras de Wesley: Tomo I, Sermones,* Justo González, editor general (Franklin, TN: Providence House Publishers, 1998), pág. 316.

Estudio bíblico #45: La Santa Cena en la herencia wesleyana

Mateo 26.26-29

Versículo clave

Mateo 26.28: «... porque esto es mi sangre del nuevo pacto, que por muchos es derramada para remisión de los pecados».

Introducción al tema

Jesús y los doce discípulos participaron en el festival judío que se llama "la fiesta de los panes sin levadura", o sea, la Pascua –la celebración del éxodo de los judíos de Egipto (Éxodo 12.1-28). En este relato Dios manda a los israelitas a sacrificar a un cordero "sin mancha" y, con su sangre, pintar el dintel de sus casas. Cuando Jesús toma el pan y el vino, en la última cena, recobra esta historia y, a la vez, da un nuevo significado al pan y al vino a sus seguidores. En Mateo 26, Jesús dice que el vino representa su sangre, la cual es derramada para el perdón de los pecados. Aquí se refiere al significado de la muerte y el sacrificio de Jesús en la cruz. En la historia de la iglesia ha existido diferentes interpretaciones de la Santa Comunión. La Iglesia Católica Romana adoptó la doctrina de la transubstanciación, la cual enseña que el pan y el vino, literalmente, se convierten en el cuerpo y la sangre de Jesús. El reformador alemán Ulrich Zwingli eliminó el significado místico de la Comunión, y tomó las palabras de Jesús literalmente al decir que la Santa Comunión era solamente un ritual memorial o de recordación. Otras interpretaciones enseñan que el pan y el vino son símbolos del cuerpo y la sangre, sin la presencia real de Jesús.

Enseñanza

Juan Wesley era muy amante de la Santa Comunión, y la tomaba cada vez que podía hacerlo. De hecho, predicó en su "Sermón 101: El deber de la comunión constante", a favor de que todo cristiano recibiera la Cena del Señor tan frecuentemente como pudiera[58]. Wesley entendió a la Santa Cena como un medio de gracia y, por supuesto, que necesitamos todo el favor de Dios que podamos recibir. A veces, hay personas que no se sienten cómodas o preparadas para tomar la Santa Comunión. Mientras es cierto que

58 "Sermón 101: El deber de la comunión constante", *Obras de Wesley: Tomo IV, Sermones*, Justo González, editor general (Franklin, TN: Providence House Publishers, 1998), pág. 219.

1ª a los Corintios 11.27 advierte que no se debe tomar la Santa Comunión "indignamente," Wesley argumentó que nadie es digno de tomar la Santa Cena y, por eso, al ser un favor inmerecido de Dios, lo consideraba un medio de gracia. En cuanto esta palabra de Pablo "indignamente", la posición de Wesley era la de invitar a la mesa a quienes aman a Jesucristo y, sinceramente se arrepienten de sus pecados, y procuran vivir en paz y amor con el prójimo. Wesley creía que la mesa le pertenecía a Dios, y que ni la iglesia ni el pastor debían juzgar a las personas. Por lo tanto, la Santa Cena está abierta para todos y disponible como un medio de gracia. Además, Wesley afirmaba que al consagrar los elementos, la presencia real de Cristo estaba alrededor de la mesa, y cuando participamos en la Santa Cena, tenemos un encuentro con Cristo. Por eso, la Santa Cena es una ordenanza evangelística que nos invita a recibir su gracia.

Preguntas para reflexionar y discutir

1. ¿Qué sientes cuando participas de la Santa Comunión?

2. ¿Crees que hay un peligro de participar muy a menudo de la Santa Comunión? ¿Por qué?

3. ¿Te has negado participar de la Santa Comunión alguna vez? ¿Por qué?

4. ¿Cuál es la conexión entre la Pascua en el libro de Éxodo y la Santa Comunión en el Nuevo Testamento?

5. ¿Has experimentado el perdón y la gracia de Dios a través de la comunión? ¿Cómo te sentiste?

Oración

Dios, te damos gracias por enviar a tu Hijo Jesús, por amor a nosotros. Gracias por la oportunidad de recordarnos ese sacrificio a través de la Santa Comunión. Te pedimos, Señor, que podamos aprovechar este medio para recibir tu gracia y perdón por los méritos de Cristo. Aunque humanamente es difícil para nosotros entender este misterio santo, sabemos que es una invitación para estar en la presencia de Cristo. En el nombre de Jesús. Amén.

SECCIÓN I. LOS PROPÓSITOS DE LA VIDA CRISTIANA

Estudio bíblico #46: La experiencia del corazón ardiente

Romanos 3.21-28

Versículo clave

Romanos 3.24: «... siendo justificados gratuitamente por su gracia, mediante la redención que es en Cristo Jesús...».

Introducción al tema

En las cartas del apóstol Pablo existe una tensión entre la ley y la gracia. Pues, antes de su conversión fue un fariseo que seguía la ley del Antiguo Testamento, quien perseguía y encarcelaba a los cristianos. Un día, en el camino hacia Damasco, le rodeó un esplendor de luz, perdió la vista y cayó de rodillas. Luego escuchó la voz del Señor diciéndole: «Saulo, Saulo, ¿por qué me persigues?» (Hechos 9.4). También, el Señor le dijo: «Ve, porque instrumento escogido me es éste, para llevar mi nombre en presencia de los gentiles, y de reyes, y de los hijos de Israel» (Hechos 15). Saulo fue adonde el Señor le indicó, recobró la vista, y fue bautizado para predicar el evangelio a los gentiles. Pablo entendió a través de su conversión, que la salvación era recibida por medio de la gracia de Jesús; no por obras. Uno no puede ganar la salvación por mucho que haga, porque la salvación es un regalo de Dios. En Romanos 3.28, Pablo escribe: «Concluimos, pues, que el hombre es justificado por fe sin las obras de la ley».

Enseñanza

Juan Wesley llegó a la misma conclusión de Pablo, pero tomó otro camino. En su juventud, Wesley practicaba la salvación por obras. El leyó mucha literatura de los místicos, quienes querían llegar a la santidad de vida por medio de las obras de caridad y de piedad. No fue hasta que conoció a los moravos, durante su estancia en Georgia, que Wesley comenzó a aprender sobre la salvación por la gracia y la justificación por la fe. El problema con la salvación por las obras es que Wesley sentía que nunca podría llegar a complacer a Dios. Más tarde en una carta a su hermano mayor Samuel escribió que el misticismo fue "la roca en la cual estuve a punto de naufragar". Una noche Juan Wesley fue a una reunión de una sociedad en la calle

Aldersgate, en Londres, donde estaban leyendo el Prefacio de Martín Lutero a la Carta de los Romanos. Juan Wesley escribió lo siguiente en su diario sobre esta experiencia: «Cerca de un cuarto para las nueve de la noche, mientras él describía el cambio que Dios obra en el corazón a través de la fe en Cristo, yo sentí un extaño ardor en mi corazón. Sentí que confiaba en Cristo, sólo en Cristo para la salvación, y recibí una seguridad de que él me había quitado todos mis pecados, aun los míos, y me había librado de la ley del pecado y de la muerte. Empecé a orar con todas mi fuerza por aquellos que me ultrajaron y me persiguieron en manera especial. Luego testifiqué abiertamente a todos los presentes lo que había sentido por primera vez en mi corazón»[59]. Este testimonio de Wesley es conocido como la experiencia del "corazón ardiente".

Preguntas para reflexionar y discutir

1. En Romanos 3.24 , ¿qué significa la palabra "gratuitamente"?

2. ¿Has tenido alguna experiencia similar a la de Pablo o Juan Wesley en tu caminar de la fe? Comparte tu experiencia.

3. ¿Piensas que una persona se salva por las obras o por la fe? ¿Por qué?

4. ¿Por qué Juan Wesley dijo que el misticismo fue "la roca en la cual estuve a punto de naufragar"?

5. Un tu caminar de la fe, ¿alguna vez has estado a punto de naufragar? Comparte tu experiencia.

Oración

Señor te damos gracias por los testimonios de Pablo y Juan Wesley, pero más que todo, te damos gracias por tu inmensa misericordia. Te damos gracias porque tu das gratuitamente lo que nosotros no hemos ganado ni merecemos. Gracias por enviarnos a tu Hijo para enseñarnos el camino y por sacrificarse para el perdón de los pecados. En el nombre de Jesús, te damos gracias. Amén.

59 "Diario 2, 1º de febrero – 16 de septiembre de 1738", *Obras de Wesley: Tomo XI, Diarios*, Justo González, editor general (Franklin, TN: Providence House Publishers, 1998), pág. 64.

Estudio bíblico #47: La santidad personal

Efesios 5.1-2

Versículo clave

Efesios 5.1: «Sed, pues, imitadores de Dios como hijos amados».

Introducción al tema

La santidad muchas veces ha sido malentendida y polémica. Algunas personas tienen la idea de que la santidad significa aislarse del mundo o solo vivir en la iglesia orando y cantando. Otras personas, ajenas a la iglesia, creen que la santidad es una serie de conductas o reglas inalcanzables y, que los cristianos son hipócritas por vivir una vida que no refleja ese ideal. Pues, la santidad no es cumplir con las expectativas del mundo. En esta carta de Pablo a la iglesia de Éfeso vemos que la meta es vivir para Dios y "ser imitadores de Dios". El amor es la clave para la santidad. Pablo escribe en el versículo 2: «Y andad en amor, como también Cristo nos amó, y se entregó a sí mismo por nosotros...». Dios es amor, y Jesús es el amor encarnado. 1ª de Juan 4.7 dice: «Amados, amémonos unos a otros; porque el amor es de Dios». Así que la santidad no es una serie de reglas a cumplir, sino sencillamente el ser llenos de amor e imitar a Dios a través de Jesucristo.

Enseñanza

La santidad es uno de los temas centrales de Juan Wesley. El hablaba de la santidad de vida y la santidad de corazón. La santidad de vida es más horizontal, es decir, en sus las relaciones con su prójimo; mientras que la santidad de corazón es más vertical, o sea, su relación con Dios. Claro que es imposible separar la santidad de vida de la santidad de corazón, pues cuando los fariseos preguntaron a Jesucristo cuál era el mandamiento más grande, él respondió: «Amarás al Señor tu Dios con todo tu corazón, y con toda tu alma, y con toda tu mente...», y: «... Amarás a tu prójimo como a ti mismo» (Mateo 22.37-39). Es decir, que para Jesús el mandamiento más importante incluye a Dios y al prójimo.

El tema de la santidad fue controversial en el tiempo de Wesley, porque él predicaba de la perfección cristiana, y la gente no creía que la perfección fuera posible. Para Wesley la perfección no era dejar de cometer errores o de no tener un defecto físico, sino de esperar ser hechos perfectos en amor en esta vida. La idea de la santidad de corazón de Wesley es crecer de gracia en gracia hacia la perfección cristiana.

Preguntas para reflexionar y discutir

1. ¿Cuáles imágenes o conceptos vienen a tu mente cuando escuchas la palabra "santidad"?

2. ¿Por qué quienes no son cristianos nos tildan de hipócritas?

3. ¿Crees que es posible alcanzar la perfección? ¿Por qué?

4. ¿Cómo entiendes el pasaje bíblico de Efesios 5.1? ¿Qué es para ti ser "imitadores de Dios"?

5. ¿Qué significa para ti la santidad de corazón? ¿Qué significa para ti la santidad de vida? ¿Como se relacionan?

6. ¿Qué es para ti vivir en santidad?

Oración

Dios, te damos gracias por tu amor. Te damos gracias por el ejemplo y las enseñanzas de Jesucristo, quien nos instruyó a amar a Dios con todo nuestro corazón, alma y mente y, también, a amar a mi prójimo como a mí mismo/misma. Te pido, Señor, que pueda vivir en santidad por la gracia de Jesucristo. Amén.

Estudio bíblico #48: La santidad social

Mateo 5.43-48

Versículo clave

Mateo 5.48: «Sed, pues, vosotros perfectos, como vuestro Padre que está en los cielos es perfecto».

Introducción al tema

A veces, la santidad es malentendida y criticada por personas dentro y fuera de la iglesia. Entre la juventud existe mucha presión de seguir la corriente de lo que haga la mayoría, o por lo menos, los muchachos más populares. Cuando una persona quiere resistir la tentación y hacer lo correcto delante de Dios, a veces, en lugar de ser animada recibe burlas y sobrenombres, como "santurrón" o una persona que se cree mejor que las demás. Jesús nos enseñó: «Entrad por la puerta estrecha; porque ancha es la puerta, y espacioso el camino que lleva a la perdición, y muchos son los que entran por ella...» (Mateo 7.13). Vivir una vida de santidad en medio de un mundo de tentaciones, cuesta mucho trabajo. Dice Jesús que pocos son los que hallan la puerta estrecha. La santidad social es cómo vivimos nuestras vidas espirituales en el mundo. Es vivir correctamente delante de Dios y los demás. La santidad social es cumplir con los mandamientos de Dios y, también, caminar la segunda milla. La santidad social no es solo amar a tu vecino, tu amigo o a los miembros de tu familia, porque cualquiera puede hacer eso. Jesús nos enseña a través de su sermón en el monte: «Amad a vuestros enemigos, bendecid a los que os maldicen, haced bien a los que os aborrecen, y orad por los que os ultrajan y os persiguen...» (Mateo 5.44). La meta final de la santidad es de ser perfectos "como vuestro Padre que está en los cielos".

Enseñanza

Cuando el hermano menor de Juan, Carlos Wesley, estaba en la Universidad de Oxford él se juntaba con sus amigos Benjamín Ingham, John Clayton y John Gambold para orar, ayunar y leer más disciplinadamente la Biblia. Luego invitaron a Juan, quien estaba recién graduado de la universidad, a ser el líder del grupo. Más adelante se integró Jorge Whitefield. El grupo hacía tantas obras de piedad como obras de caridad. A través de sus ofrendas pagaron los servicios de una maestra para los niños pobres que no podían ir a la escuela. También visitaron a las personas presas por causa de no haber podido pagar sus deudas. Se levantaban temprano en la mañana para orar y leer la Biblia y, por eso, los demás universitarios se burlaban de ellos llamándolos el "Club Santo", "polillas de la Biblia" y "metodistas" por la forma tan metódica de ejercer su fe. Este último fue el que más popularidad tuvo, y al crecer el movimiento los reconocían como el "pueblo llamado metodista". Wesley escribió sobre el pasaje bíblico de Mateo 5.48: «... ¡Y cuán sabio y misericordioso es esto, para resumir y, por así decirlo, sellar todos sus mandamientos con una promesa! ¡Incluso la promesa correcta del evangelio!: ¡Qué pondrá esas leyes en nuestras mentes y las escribirá en nuestros corazones! Él sabía muy bien cuán preparada estaría nuestra incredulidad para gritar: ¡Esto es imposible! Y, por lo tanto, está en juego todo el poder, la verdad y la fidelidad de Aquel para quien todo es posible»[60].

Preguntas para reflexionar y discutir

1. En la tradición de la Iglesia Católica Romana la palabra "santo" es relacionada con una estatua o imagen de una persona que vivió una vida de santidad hace muchos años. ¿Qué significa vivir una vida de santidad para nosotros hoy en día?

2. ¿Alguna vez sentiste el deseo de hacer el bien pero recibiste presión de tus amistades de hacer lo contrario?

3. ¿Por qué es tan difícil vivir una vida de santidad?

4. Jesús nos enseña que no es suficiente amar a los que están cerca de nosotros sino que nos manda a amar a nuestros enemigos. ¿Por qué es tan difícil amar a nuestros enemigos?

5. El versículo clave de este estudio dice (Mateo 5.48): «Sed, pues, vosotros perfectos, como vuestro Padre que está en los cielos es perfecto». ¿Crees tú que es posible vivir una vida de santidad?

6. Juan Wesley decía que sí era posible alcanzar la perfección cristiana con la gracia de Dios y, por lo tanto, desarrollaba grupos pequeños de

60 Comentarios de Juan Wesley sobre Mateo 5.48, *Wesley's Explanatory Notes,* https://www.biblestudytools.com/commentaries/wesleys-explanatory-notes/matthew/matthew-5.html. [Fragmento traducido por el autor.]

discipulado. ¿Participas regularmente en algún grupo que te ayuda a crecer espiritualmente? Comparte tu experiencia.

Oración

Señor, gracias por tu Palabra que nos reta a crecer espiritualmente. Reconocemos que no es suficiente solo amar a nuestros familiares y amigos cercanos, sino que tú nos mandas a amar a nuestros enemigos. Haz que crezca tu amor y valentía en nosotros para vivir una vida de santidad. Y no solo una santidad interior que nadie ve, sino una santidad social que se transmite a través de nuestro estilo de vida. Permítenos crecer en gracia hasta vivir en el amor perfecto. En el nombre de Jesús. Amén.

Estudio bíblico #49: El fruto del Espíritu Santo

Gálatas 5.16-25

Versículo clave

Gálatas 5.22-23: «Mas el fruto del Espíritu es amor, gozo, paz, paciencia, benignidad, bondad, fe, mansedumbre, templanza; contra tales cosas no hay ley».

Introducción al tema

Una parte importante de la vida cristiana es el cambio real en nuestra forma de ser. Si decimos que somos personas súper espirituales, pero nuestra conducta muestra lo contrario, somos hipócritas. Como dicen por ahí: «entre el dicho y el hecho hay mucho trecho». Como cristianos debemos dar evidencia de nuestra fe a través de nuestro testimonio. La gente, hoy en día, es muy perceptiva y distingue rápido si una persona está fingiendo. Una encuesta de jóvenes, entre 18-24 años, reveló que el 62% respondió que los cristianos juzgan mucho, y un 58% dijo que los cristianos son hipócritas[61]. No sabemos las experiencias que tuvieron los jóvenes para haber respondido así, pero tristemente esa es su impresión de los cristianos. En este pasaje de Gálatas, Pablo enseña las actitudes y conductas que son de la carne, y las compara con el fruto del Espíritu Santo. Estos frutos son un regalo de Dios. A veces uno quiere recibir todos los frutos inmediatamente después de la experiencia de conversión, pero en muchos casos, es un proceso largo de santificación, o sea, de pedir al Espíritu Santo que elimine nuestros malos hábitos, y a la vez, nos dé un buen temperamento.

Enseñanza

En la época de Juan Wesley existió una polémica sobre el pecado y el fruto del Espíritu Santo. Por un lado, Wesley creía que al tener un encuentro con Jesucristo, y experimentar la justificación, había un cambio relativo en el corazón del creyente. Esto quiere decir que cuando una persona recibe a Jesucristo se arrepiente de sus pecados y es justificada, o sea perdonada por Dios. Pero, según esta explicación, el cambio es solamente relativo

61 Daniel Cox y Robert P. Jones, "A Generation in Transition: Religion, Values and Politics among College-Age Millennials," *Public Religion Research Institute*, 19 de abril de 2012, https://www.prri.org/research/millennial-values-survey-2012/.

en su relación con Dios. Wesley creía que esto era apenas un paso en el camino a la salvación, y la persona no debía quedarse ahí; sino desear el cambio real en su forma de ser y de actuar. Wesley escribió: «La justificación implica solamente un cambio relativo mientras que el nuevo nacimiento indica un cambio real. Dios, al justificarnos, hace algo por nosotros; al engendrarnos nuevamente, obra en nosotros»[62]. La postura de Wesley es importante, porque su sermón marca la importancia de seguir creciendo en nuestra vida cristiana después de la experiencia inicial. Aquí él se está pronunciando en contra de algunas enseñanzas, las cuales dicen que un creyente no puede o no debe buscar el cambio real. Con relación al pasaje de Gálatas, el fruto del Espíritu Santo es la muestra de un cambio real en la vida de un creyente. Es bonito tener una experiencia con Jesucristo y recibir el perdón de Dios, pero es más difícil seguir en el camino de la fe. Jesús enseñó que si es buen árbol da buen fruto y, también, «... de la abundancia del corazón habla la boca» (Lucas 6.43-45).

Preguntas para reflexionar y discutir

1. ¿Has conocido a personas que se autonombran cristianas, pero su fe no se refleja en su forma de actuar? No es necesario decir el nombre o dar detalles, pero de forma general, ¿cómo te hace sentir eso?

2. Según Wesley, ¿cuál es la diferencia entre un cambio relativo y un cambio real en un creyente?

3. ¿Cuáles de las manifestaciones del fruto del Espíritu Santo todavía te faltan, o que más te cuestan tener?

Oración

Señor, te damos gracias por el regalo de la fe y por el perdón de los pecados. Ayúdanos a no estar conforme con un cambio relativo en nuestra vida espiritual. Permite, oh Señor, que podemos ser íntegros y vivir el cambio que has hecho en nosotros. Te pedimos que nuestro sí sea sí, nuestro no sea no, y que podemos vivir en santidad. En el nombre de Jesús. Amén.

62 "Sermón 19: El gran privilegio de los que son nacidos de Dios", *Obras de Wesley: Tomo I, Sermones,* Justo González, editor general (Franklin, TN: Providence House Publishers, 1998), pág. 381.

Estudio bíblico #50: Juan Wesley y los dones del Espíritu Santo

1ª a los Corintios 12.4-11

Versículo clave

1ª a los Corintios 12.4: «Ahora bien, hay diversidad de dones, pero el Espíritu es el mismo».

Introducción al tema

Hay mucha polémica con respeto a los dones del Espíritu Santo. Por un lado, existen las creencias pentecostales, las cuales afirman que el don de hablar en lenguas es la única señal del bautismo del Espíritu Santo y, por ende, la salvación. Algunas personas, que tienen esta creencia, hasta niegan la salvación de las personas que no hablan en lenguas. En el otro extremo, existen cesacionalistas, quienes piensan que los dones del Espíritu Santo fueron una herramienta que Dios usó para levantar y edificar la iglesia en los tiempos apostólicos, pero después el Espíritu Santo cesó de usarlos, por lo tanto, no son necesarios en los tiempos actuales. En otras palabras, Dios "cesó" de dar los dones. Quienes piensan de esta forma critican a las personas que practican los dones del Espíritu Santo llamándolos "fanáticos" o "locos". En la familia wesleyana existen estas divisiones. De hecho, el movimiento pentecostal tiene sus raíces en el metodismo.

Al principio del movimiento metodista en Inglaterra –durante los años del avivamiento– ocurrían manifestaciones del Espíritu Santo. Más adelante, a mitad del siglo XVIII en los Estados Unidos, el movimiento de santidad nació dentro de la Iglesia Metodista Episcopal. El movimiento de santidad enseñaba que era posible alcanzar la santificación entera instantáneamente, y de ese movimiento nace el pentecostalismo en 1906, en la Calle Azusa, en Los Ángeles. Las creencias de muchos de los líderes del avivamiento pentecostal tenían sus raíces en la teología wesleyana. En la actualidad, la Iglesia Pentecostal ejerce una gran influencia en América Latina, el Caribe y en la comunidad hispano/latina de los Estados Unidos. El Dr. Bernardo Campos, teólogo pentecostal peruano, escribió que la Iglesia Pentecostal ni inventó ni monopoliza al Espíritu Santo –en la fiesta de Pentecostés todos los que estaban reunidos quedaron llenos del Espíritu Santo; Jesucristo dijo a los apóstoles que el Consolador estaría con todo cristiano hasta el final de los tiempos. Así que el Dr. Campos reta a toda la Iglesia a recobrar la apertura al Espíritu Santo, o lo que él llama "la pentecostalidad" de la Iglesia[63].

Enseñanza

El teólogo Donald Dayton menciona en su libro *Las raíces teológicas del pentecostalismo* (Nueva Creación, 1991), que las doctrinas de justificación por la fe, santificación y la perfección cristiana dan pie al movimiento pentecostal porque la experiencia de la justificación es un encuentro con Jesucristo a través del Espíritu Santo. Además, el proceso de la santificación es una invitación al Espíritu Santo de seguir obrando en nuestras vidas y a la búsqueda de la santidad, con la meta final de la perfección cristiana. Estas enseñanzas son compartidas entre la Iglesia Pentecostal y el movimiento wesleyano. Las raíces comienzan en varias experiencias y predicaciones de Juan Wesley, cuando él observó a personas cayéndose, desmayándose o convulsionando mientras predicaba sus sermones. Luego de Wesley observar estas manifestaciones del Espíritu Santo concluyó que eran el resultado de la justificación por la fe. Wesley concluyó además, que al estas personas exhibir las manifestaciones del fruto del Espíritu Santo, principalmente la paz, significaba que Dios estaba obrando para bien. Sin embargo, también advirtió que Satanás podría usar estas manifestaciones para asustar a la muchedumbre y usarlas para mal. Wesley exhortaba a sus seguidores a discernir si esas manifestaciones eran el fruto del Espíritu según el resultado de las mismas, para saber si provenían de Dios. También Wesley señalaba la diferencia entre el fruto y los dones del Espíritu Santo como dones ordinarios y extraordinarios. Wesley rechazó las críticas de los deístas (racionalistas), que negaban la existencia de milagros. Wesley escribió que los dones extraordinarios eran posibles, pero primero un seguidor tenía que manifestar los dones ordinarios como los principales. Wesley no quería que el movimiento metodista cayera en el extremo de los entusiastas, ni tampoco en el otro extremo de los racionalistas. Él quería un movimiento dirigido por el poder del Espíritu Santo, pero también con la capacidad intelectual de abrazar los avances de la Ciencia y la razón.

Preguntas para reflexionar y discutir

1. ¿Has experimentado o presenciado los dones del Espíritu Santo? ¿Como te hizo o te hacen sentir?

---

63 Bernardo Campos, *El principio pentecostalidad: La unidad del Espíritu, fundamento de paz,* Kerygma Publicaciones, Salem, OR, 2016.

2. ¿Qué es lo que tu iglesia (pastor/pastora) enseña sobre los dones del Espíritu Santo?

3. ¿El pasaje bíblico de 1ª a los Corintios 12.7 dice: «Pero a cada uno le es dada la manifestación del Espíritu para provecho». ¿Qué entiendes por este versículo? ¿Cuál es el propósito de Dios al dar los dones?

4. ¿Cuál era para Wesley la relación entre los dones ordinarios y los dones extraordinarios, es decir, entre el fruto y los dones del Espíritu Santo?

5. ¿Cuál ha sido el papel del Espíritu Santo en tu caminar personal de la fe?

Oración

Señor, te damos gracias por el regalo del Espíritu Santo y la promesa de no dejarnos solos hasta el final de los tiempos. Gracias por los dones ordinarios y extraordinarios que das a tus seguidores. Permite, oh Señor, que estos dones no sean para glorificarnos a nosotros mismos, ni para desviar o confundir a la gente, sino para la edificación de tu Iglesia. En el nombre de Jesús. Amén.

Estudio bíblico #51: La expansión del mensaje del evangelio

Isaías 11.9-13

Versículo clave

Isaías 11.9: «No harán mal ni dañarán en todo mi santo monte; porque la tierra será llena del conocimiento de Jehová, como las aguas cubren el mar».

Introducción al tema

En el noticiero se anuncian noticias del conflicto entre los palestinos y los israelitas, el problema del SIDA, guerras, ataques terroristas y gente muriendo de hambre, etc. Pero estos problemas mundiales parecen estar muy lejos de nosotros.

Cuando fui misionero en Cuba, un vecino —que por cierto era militante del Partido Comunista– me preguntó: «Si hay un Dios, ¿por qué permite tanta guerra y pobreza en el mundo?». Él hizo una buena pregunta, y di gracias a Dios por la oportunidad de dialogar con él. El solo hecho de que haya guerras o pobreza no quiere decir que Dios no existe. Casi todas las situaciones de guerra y pobreza son causadas por el pecado del ser humano. Con solo mirar a nuestro derredor podemos ver los resultados del pecado. Dios creó un planeta con una abundancia de recursos naturales, sin embargo la avaricia y el egoísmo nos ha llevado a la situación de amontonar los recursos en las manos de unos pocos, y de crear fuerzas militares para proteger a las riquezas de las masas. Dios no creó la guerra, ni la pobreza. ¡Son creación del ser humano!

Quizás la única situación de sufrimiento humano no causada por nosotros mismos es el caso de un desastre natural. Digo "quizás", porque nosotros, los seres humanos, hemos hecho los desastres humanos peores de lo que deben ser. Dios creó el planeta perfecto, incluyendo a los desastres naturales. Sí, los desastres naturales son necesarios para mantener el equilibrio del planeta y, Dios planificó y preparó su creación para los desastres. Por ejemplo, las erupciones de los volcanes son necesarias y, ocurren cuando se mueven las placas tectónicas y se sueltan los gases reprimidos debajo de la tierra. También muchas regiones áridas del mundo dependen de los huracanes, para recibir humedad durante el tiempo de sequía. Dios provee para la regeneración de la naturaleza luego de pasar por un desastre. Por ejemplo, después de un incendio, los conos de pino se abren con el calor y sueltan sus semillas para repoblar el bosque. Aunque Dios planificó estos fenómenos naturales atmosféricos y oceánicos, los seres humanos hemos provocado los resultados peores debido a nuestro pecado de avaricia. Unos cuantos ricos ocupan la tierra buena y empujan a los pobres a ocupar lotes peligrosos en la falda de volcanes, en la orilla de ríos que se desbordan, o en el camino de los incendios forestales. Al momento de un desastre natural, estas personas son más vulnerables. A pesar de estos sufrimientos, Dios está presente en medio de los desastres. ¡Dios responde a las oraciones de las víctimas! Es un misterio el porqué algunas personas mueren en estos desastres y otras son rescatadas. No obstante, así como hay historias tristes, también las hay de heroísmo cuando alguien salva a su prójimo. En el caso del huracán Katrina en Nueva Orleans, o de los huracanes Harvey, María y Michael, miles de cristianos han ido como misioneros a los lugares afectados para proveer víveres, ropa y construir casas de gente que nunca han conocido. Igual podemos conversar sobre muchos otros desastres naturales, donde gente desconocida muestra su solidaridad y se ayudan mutuamente.

En esta reunión vamos a reflexionar sobre las siguientes preguntas: ¿Qué dice la Biblia sobre lugares afectados por desastres naturales y problemas tan lejanos de nosotros? ¿Cuál es el plan de Dios en estas situaciones?

Enseñanza

En el tiempo de Wesley había también guerra, pobreza y conflictos mundiales. El joven Wesley había ido de misionero a Norteamérica para evangelizar a los nativoamericanos, y allí conoció algo de su cultura. Wesley estudió español para poder comunicarse con ellos y aprendió acerca de sus luchas contra el hombre blanco. También Wesley leyó los reportajes de misioneros en India y África, y estaba enterado de la crueldad de esclavizar a los negros. Casi al final de la vida de Wesley, el capitán James Cook comenzó sus viajes exploradores de Inglaterra hasta Tahití, Nueva Zelanda y Australia en el océano Pacífico. Sus odiseas por todo el mundo fueron publicadas para que los europeos pudieran conocer estas culturas. Así que Wesley no ignoró las guerras y pobreza en el mundo. Por el contrario, Wesley citó muchas de estas situaciones como pruebas del pecado original. Estos nuevos hallazgos motivaron a Wesley a escribir el sermón "La expansión del mensaje del Evangelio", con base en el texto de Isaías 11.9: «... la tierra será llena del conocimiento de Jehová, como las aguas cubren el mar»[64]. En medio de todos los problemas del mundo, Wesley creía que Dios había comenzado un avivamiento que se extendería hasta los confines de la tierra. Comenzando por los cristianos, Dios está obrando por medio del Espíritu Santo, como en Pentecostés, para alcanzar a todo el mundo para Cristo. La pobreza y la guerra son obstáculos que tienen que ser superados para el establecimiento del reino de Dios en la tierra.

Preguntas para reflexionar y discutir

1. ¿Cómo explicas tanta pobreza, guerra y desastres naturales en el mundo?

2. ¿Conoces a alguien que usa este pretexto para no ir a la iglesia, o no creer en Dios? ¿Cómo tú le responderías?

3. ¿Alguna vez has visto algo bueno salir de algo terrible? ¿Puedes compartir tu experiencia con el grupo?

4. ¿Cómo puedes tú participar en la expansión del evangelio por todo el mundo?

Oración

Señor, te damos gracias por la belleza y el misterio de la creación. Te confesamos que a veces no entendemos por qué hay tanta guerra, pobreza y desastres naturales. Sabemos que no es tu voluntad que la gente sufra y, ya estás obrando para bien. En el nombre de Cristo. Amén.

---

64 "Sermón 63: La expansión del mensaje del Evangelio", *Obras de Wesley: Tomo IV, Sermones,* Justo González, editor general (Franklin, TN: Providence House Publishers, 1998), pág. 4.

Estudio bíblico #52: Vida en abundancia

Juan 10.9-11

Versículo clave

Juan 10.10: «El ladrón no viene sino para hurtar y matar y destruir; yo he venido para que tengan vida, y para que la tengan en abundancia».

Introducción al tema

¿Qué es la salvación? Carlos Marx consideraba a la religión como el "opio de los pueblos"[65]. En otras palabras, Marx decía que la religión era una herramienta de los burgueses (o ciudadanos de la clase alta), para mantener oprimida a la clase obrera. Él pensaba que la religión creaba un la ilusión en el ser humano de algún día recibir su recompensa de ir al cielo después de la muerte. Así, los pobres no se quejaban en esta vida y los ricos se aprovechaban de ellos. Es evidente que Marx nunca leyó a Juan Wesley, porque para los metodistas la salvación tiene un significado mucho más amplio.

Carlos Marx tenía un imagen muy distorcionada del cristianismo. El pensó que los cristianos pasaban la vida con los brazos cruzados esperando una recompensa después de la muerte. Sin embargo, Wesley nos enseña a disfrutar de los frutos de la salvación presente —en esta vida. El fruto del Espíritu Santo es amor, gozo, paz, paciencia, benignidad, bondad, fe, mansedumbre, y templanza (Gálatas 5.22-23). Cuando creemos en Jesucristo, y nos arrepentimos de nuestros pecados, él vive en nuestro corazón y el Espíritu Santo comienza a poner en nosotros su fruto.

Jesucristo dijo: «Yo he venido para que tengan vida, y para que la tengan en abundancia» (Juan 10:10). El propósito de Dios no es que vivamos tristes y oprimidos en esta vida esperando una recompensa después de la muerte, sino que se vea el cambio en nuestra forma de vivir aquí y ahora. Él quiere que seamos un testimonio vivo de que él vive en nuestro corazón, y por lo tanto, demos fruto producido por ese cambio. Dios quiere que todos sus hijos e hijas tengan una vida digna, y no den lástima. Cuando el Señor Jesús

65 Carlos Marx fue un filosofo alemán que fue uno de los arquitectos de la Ciencia Social moderna y fundador del marxismo. http://www.frasedehoy.com/frase/5405/la-religion-es-el-opio-de-los-pueblos.

se refiere a la "abundancia", no se refiere a la abundancia material o que tengamos más de lo necesario. Porque recuerda que el mismo Jesús enseñó que si tenemos dos chaquetas debemos dar a quien no tiene (Lucas 3.11). Cuando el Señor habla de una vida en abundancia, él quiere que tengamos una manera justa de ganar la vida con el sudor de la frente; que tengamos un lugar digno para vivir, ropa y alimento suficiente; que seamos física y emocionalmente saludables; que la familia viva en armonía, y tengamos relaciones saludables. Esto es vivir la salvación en el presente, hasta que nuestra alma sea consumada en la gloria de Jesucristo.

Enseñanza

La salvación para Wesley era algo mucho más amplio y profundo que solamente ir al cielo. En un sermón Wesley predicó: «... ¿Qué es la salvación? La salvación de la cual aquí se habla no es lo que frequentemente se entiende por esta palabra: ir al cielo, la felicidad eterna. No es que el alma vaya al paraíso, denominado "el seno de Abraham" por nuestro Señor. No se trata de una bendición que se halla al otro lado de la muerte o, como decimos comúnmente, en el otro mundo. Las mismas palabras del texto lo expresa de modo incuestionable: "Sois salvos" [Ef. 2:8]. No se trata de algo a distancia: es algo presente, una bendición de lo cual, mediante la misericordia gratuita de Dios, estás en posesión ahora...»[66]. En este sermón, Wesley explica que la salvación no es solamente una promesa de la vida después de la muerte, sino también una salvación presente, de la cual podemos disfrutar hoy.

Preguntas para reflexionar y discutir

1. ¿Crees que Carlos Marx tenía la razón cuando llamó a la religión "el opio de los pueblos"? ¿Por qué?

2. ¿Conoces a algunas iglesias que han enseñado a sus feligreses a aguantar las condiciones actuales en esta vida para ganar su recompensa en el cielo? Comparte.

3. ¿De qué forma estás viviendo una salvación presente?

4. ¿Cuáles de las manifestaciones del fruto del Espíritu Santo ya tienes y cuáles todavía te faltan?

---

66 "Sermón 43: El camino de la salvación según las Escrituras", *Obras de Wesley: Tomo III, Sermones,* Justo González, editor general (Franklin, TN: Providence House Publishers, 1998), pág. 90.

Oración

Señor Jesús, te doy gracias por el regalo de la salvación, y por el privilegio de poder comenzar a vivirla desde ahora. Si de alguna forma he cometido el pecado de aguantar y de no vivir la vida en abundancia, te pido perdón. Ayúdame a reclamar esa salvación presente para mí y mi familia. También te pido por quienes no tienen trabajo, vivienda, alimento, salud y un cambio de corazón, para que también puedan participar de una vida en abundancia. En el nombre de Jesús. Amén.

PARA LA LECTURA ADICIONAL

Arias, Mortimer, "Methodist Societies in the Eighteenth Century and Christian Base Communities in the Twentieth Century," en Theodore Runyon, *Wesley Theology Today,* Nashville: Kingswood Books, 1985.

Cox, Leo George, *El concepto de Wesley sobre la perfección cristiana,* Kansas City: Casa Nazarena de Publicaciones, 1986.

Donald W. Dayton, *Raíces teológicas del pentecostalismo,* Nueva Creación, 1991.

Duque, José, editor, *La tradición protestante en la teología latinoamericana: Lectura de la tradición metodista,* San José: DEI, 1983.

Christophers, Samuel, *Class Meetings in Relation to the Design and Success of Methodism,* London: Wesleyan Conference Office, 1873.

Justo González, editor general, *Obras de Wesley,* Franklin, TN: Providence House Publishers, 1998.

Justo González, *Juan Wesley: Herencia y promesa,* Seminario Evangélico de Puerto Rico, 1998.

Heitzenrater, Richard, *Wesley y el pueblo llamado metodista,* Nashville: Abingdon, 2001.

Magallanes, Hugo, *Introducción a la vida y teología de Juan Wesley,* Nashville: Abingdon Press, 2005.

Outler, Albert, *Teología en el espíritu wesleyano,* Nashville: Abingdon Press, 2006.

Ruiz Guerra, Rubén, *Hombres nuevos: Metodismo y modernización en México (1873-1930),* Casa Unida de Publicaciones, 1992.

Runyon, Theodore, *La nueva creación: Teología de Juan Wesley para hoy,* Nashville: Abingdon, 2006.

Watson, Kevin M., *La reunión de clase: Recuperando una experiencia de grupos pequeños olvidada,* Franklin, TN: Seedbed Publishing, 2014.

SOBRE EL AUTOR

Philip Wingeier-Rayo es hijo de pastores y misioneros en Singapur, donde él nació y vivió sus primeros años. Luego, junto a sus padres y tres hermanos, se trasladaron a la ciudad de Chicago, donde cursó la escuela secondaria. Después de obtener el título universitario en Sicología y la lengua española, fue comisionado y enviado como misionero interino a Nicaragua, donde sirvió en el Seminario Bautista de Teología, en Managua. También ofreció sus servicios a las Comunidades Eclesiales de Base en Nicaragua. Luego continuó el trabajo misionero en Harlingen, Texas, donde sirvió como paralegal para una organización sin fines de lucro de ayuda legal para inmigrantes, en el sur de Texas, cerca de la frontera con México.

Al terminar el período de tres años como misionero interino, contrajo matrimonio con Diana, y ambos fueron los primeros misioneros evangélicos en Cuba, bajo el gobierno socialista. Sirvieron durante el "Período Especial", después de la caída de la antigua Unión Soviética, durante la década de los 90, que también fue un tiempo de avivamiento para la iglesia.

También en esa época, el autor cursó una maestría en el Seminario Evangélico de Teología en Matanzas, Cuba y luego fue a Chicago, donde estudió otra maestría de Teología en Garrett-Evangelical Theological Seminary y un doctorado de Teología, Ética y Cultura en Chicago Theological Seminary. Al concluir sus estudios, Dr. Wingeier-Rayo, junto con su esposa y tres hijos, sirvió en México como profesor de Teología en el Seminario Dr. González Báez Camargo, en la ciudad de México.

Al concluir tres años de servicio en México, fue invitado como misionero en residencia a Pfeiffer University en Misenheimer, Carolina del Norte, donde inició un curso en Estudios Misionales. Varios estudiantes bajo su tutela, al terminar este programa de misiones en Pfeiffer, fueron a hacer trabajo misionero a Asia, África, Europa y América Latina. Luego, el Dr. Wingeier-Rayo fue invitado a ser el director del Programa Hispano-Latino de Perkins Theological Seminary en Dallas, Texas. También estuvo tres años como profesor de Evangelismo, Misiones y Estudios Metodistas en Austin Presbyterian Theological Seminary, hasta asumir su cargo actual como decano y profesor de Misionología y Estudios Metodistas en Wesley Theological Seminary en Washington, D.C.

Él y Diana, su esposa, llevan más de dos décadas de matrimonio, y tienen tres hijos: Massiel, Keffren e Isaías.